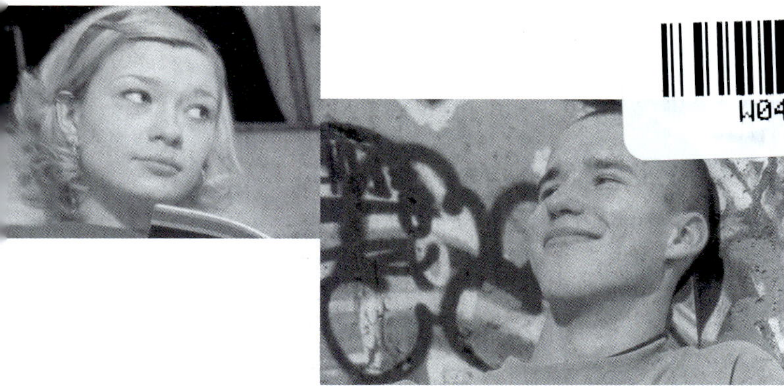

PHYSIK

Physik I

Klassische Mechanik und Elektrizitätslehre

ISBN 3-411-70211-7

Physik II

Schwingungen und Wellen – Quantenphysik – Atome und Kerne

ISBN 3-411-70221-4

BIOLOGIE

Nervensystem und Sinnesorgane

Grundwissen und Prüfungsvorbereitung

ISBN 3-411-04153-6

Stoffwechsel und Energieumsatz

Grundwissen und Prüfungsvorbereitung

ISBN 3-411-04283-4

Genetik

Grundwissen und Prüfungsvorbereitung

ISBN 3-411-05473-5

CHEMIE

Chemie I

Allgemeine Chemie – Grundwissen und Prüfungsvorbereitung

ISBN 3-411-04623-6

Chemie II

Organische Chemie – Grundwissen und Prüfungsvorbereitung

ISBN 3-411-70863-8

KUNST

Kunstgeschichte I

Von den Anfängen bis zum 18. Jahrhundert

ISBN 3-411-04143-9

Kunstgeschichte II

19. und 20. Jahrhundert

ISBN 3-411-04193-5

GESCHICHTE

Geschichte I

Von der Französischen Revolution bis zur Grundlegung der bipolaren Welt (1918)

ISBN 3-411-71123-X

Geschichte II

Von der Weimarer Republik bis zur Europäischen Union

ISBN 3-411-71133-7

Duden Abiturhilfen

Geschichte II

Von der Weimarer Republik
bis zur Europäischen Union

von Harald Jaeger

3., aktualisierte Auflage

11. bis 13. Klasse

Dudenverlag
Mannheim · Leipzig · Wien · Zürich

Bildquellenverzeichnis:
Haus der Geschichte der Bundesrepublik Deutschland, Bonn: S. 108.
Weitere grafische Darstellungen:
Bibliographisches Institut & F. A. Brockhaus AG, Mannheim

Bibliografische Information der Deutschen Bibliothek
Die Deutsche Bibliothek verzeichnet diese Publikation in der Deutschen Nationalbibliografie; detaillierte bibliografische Daten sind im Internet über http://dnb.ddb.de abrufbar.

Redaktion: Heike Krüger-Beer, UNGER-KUNZ, Lektorat & Redaktionsbüro GbR, Undorf/Regensburg
Grafiken: UNGER-KUNZ, Lektorat & Redaktionsbüro GbR, Undorf/Regensburg
Herstellung: Tobias Kaase
Satz: Dörr + Schiller GmbH, Stuttgart
Umschlagkonzept: Bender & Büwendt, Berlin
Umschlagfoto: Ulf Dieter, Berlin
Druck und Bindung: Heenemann GmbH & Co., Berlin
Printed in Germany
ISBN-13: 978-3-411-71133-8
ISBN-10: 3-411-71133-7

Vorwort

Liebe Abiturientin, lieber Abiturient,

der zweite Band der »Duden-Abiturhilfe – Geschichte« setzt den Gang durch die im Geschichtsunterricht durchgenommenen Epochen fort. Während der erste Band die Zeit von der »Französischen Revolution« bis zur »Grundlegung der bipolaren Weltordnung« am Ausgang des Ersten Weltkriegs darstellt, finden Sie in diesem Band die Darstellung der thematischen Einheiten von der »Weimarer Republik« bis zur »Europäischen Einigung«. Um den Unterrichtsstoff zu wiederholen und sich auf die Abiturprüfung vorzubereiten, können Sie diesen Band also unabhängig von dem ersten verwenden.

Jede thematische Einheit ist so aufgebaut, dass Sie am Anfang einen darstellenden Teil finden, der Ihnen einen knappen, Akzente setzenden Überblick über das jeweilige Thema verschafft. Es schließt sich jeweils eine vollständige oder eine Teilklausur an, anhand deren Sie sich mit den Anforderungen der im Abitur gestellten Aufgaben vertraut machen können und den gelernten Stoff anwenden können. Mit den angefügten Lösungsvorschlägen können Sie die Ergebnisse Ihrer Quellenanalyse überprüfen.

Wenn Sie Ihre Kenntnisse über die verschiedenen Geschichtsquellen auffrischen, Ihre methodischen Fähigkeiten ausbauen und anhand von Musterinterpretationen erläutert sehen möchten oder wenn Sie sich über allgemeine Fragen zum Abitur informieren möchten, können Sie auf den ersten Band zurückgreifen.

Am Ende des vorliegenden zweiten Bandes finden Sie Hinweise zu begleitender Literatur, von der Sie sicherlich einiges in der Schulbibliothek vorfinden.

Wir würden uns freuen, wenn wir Ihnen mit den beiden Bänden der Abiturhilfe Geschichte das sichere Gefühl einer guten Vorbereitung vermitteln und dazu beitragen können, dass Sie die Prüfung mit der nötigen Gelassenheit bestreiten. Dazu wünschen wir Ihnen viel Glück und Erfolg!

Mannheim, im September 2005 — Autor und Redaktion

Inhaltsverzeichnis

Kapitel 1

Die Weimarer Republik (1918–1933)

Mit der Weimarer Republik entstand zum ersten Mal in der deutschen Geschichte ein demokratischer Staat. Für die Bundesrepublik stellt der Staat von Weimar somit in Teilbereichen ein bedeutendes Element demokratischer Verfassungstradition dar. Zugleich bot sein Untergang wichtige Lehren, durch deren Berücksichtigung es gelang, die Demokratie nach 1945 dauerhaft in Deutschland zu verankern.

1.1 Die Anfänge der Republik

1918

Schon die Entstehung der Republik zeigt, dass unter den bisher oppositionellen Linkskräften hinsichtlich des zu errichtenden Staatswesens kein Konsens bestand. Dies führte dazu, dass die **Ausrufung der Republik** zweimal erfolgte: 9. 11.

Mehrheitssozialdemokraten (SPD) und Teile der Unabhängigen Sozialdemokraten (USPD)	Mehrheit der USPD und kommunistische Gruppen, z. B. Spartakusbund
Parlamentarische Republik nach westlichem Muster. Baldige Wahlen zu einer Verfassunggebenden Nationalversammlung, danach Umgestaltung Deutschlands durch demokratisch legitimierte Reformen.	Sozialistische Räterepublik nach sowjetischem Vorbild. Zuerst grundlegende Veränderung der staatlichen Organisation und der gesellschaftlichen Besitzverhältnisse nach kommunistischem Muster. Erst danach Wahlen zu einer Nationalversammlung.
Proklamation der Deutschen Republik durch Philipp Scheidemann (SPD)	Ausrufung der »freien sozialistischen Republik« durch Karl Liebknecht (Spartakus)

Die doppelte Proklamation der Republik

Dass sich im weiteren Verlauf die parlamentarische Republik durchsetzte, hat mehrere Gründe:

- Um der Errichtung einer sozialistischen Räterepublik zuvorzukommen, hatte **Prinz Max von Baden,** der letzte Kanzler des Kaiserreichs, dem Führer der Sozialdemokratie, **Friedrich Ebert, die Regierungsgeschäfte übergeben.** Aufgrund dieser Legitimation unterstützten nun auch Beamte und andere bürgerliche Kreise die SPD. Gleichzeitig wurde die Partei durch die Übernahme von Regierungsverantwortung in den Kampf gegen Umsturzversuche der äußersten Linken eingebunden. 9. 11.

1918

- 10. 11. Die Oberste Heeresleitung erklärte der neuen Regierung durch General Wilhelm Groener ihre Loyalität **(Ebert-Groener-Bündnis),** erwartete aber dafür deren Unterstützung bei der Aufrechterhaltung der öffentlichen Ordnung und der geordneten Rückführung der Armee aus dem Krieg.
- 10. 11. Als neue Regierung wurde ein **Rat der Volksbeauftragten** gebildet, der aus je drei Vertretern der SPD (darunter Ebert und Scheidemann) und der USPD bestand. Im weiteren Verlauf sollte sich in diesem Gremium zunehmend die SPD durchsetzen.
- 15. 11. Unter Führung des Industriellen Hugo Stinnes und des Gewerkschafters Carl Legien schlossen Gewerkschaften und Arbeitgeberverbände ein Abkommen **(Stinnes-Legien-Pakt),** das den Arbeitern viele neue Rechte gewährte. Im Gegenzug akzeptierten die Gewerkschaften die kapitalistische Wirtschaftsordnung in Deutschland.
- 16.–20. 12. In Berlin kam der **Reichskongress der Arbeiter- und Soldatenräte** zusammen, dessen Delegierte mehrheitlich der SPD nahe standen. Der Kongress bestätigte daher den Rat der Volksbeauftragten und beschloss mit großer Mehrheit Wahlen zu einer Nationalversammlung.

29. 12. Wegen der sich abzeichnenden Entstehung einer parlamentarisch-demokratischen Staatsordnung **trat die USPD** schließlich **aus dem Rat der Volksbeauftragten aus.** Die extreme Linke, die sich schon 1916 im Spartakusbund unter Führung von Karl Liebknecht und Rosa Luxemburg zusammengeschlossen hatte, gründete die **KPD.**

1919

30. 12. bis 1. 1. 1919

5. 1.–12. 1. In Berlin setzten die Kommunisten mit der USPD den **Spartakusaufstand** in Gang, der durch Truppen unter dem Oberbefehl des SPD-Reichswehrministers Gustav Noske niedergeschlagen wurde. 15. 1. **Rosa Luxemburg und Karl Liebknecht** wurden gefangen genommen und **von Freikorpssoldaten ermordet.**

Zunächst hatte sich also die Demokratie durchgesetzt: Der Preis hierfür war aber das durch die Furcht vor einem kommunistischen Umsturz motivierte Zusammengehen der sozialdemokratischen Regierung mit den seit dem Kaiserreich weiter bestehenden konservativen und antidemokratischen Kräften in Verwaltung, Armee und Wirtschaft. Dies sollte sich auf die Dauer als verhängnisvoll für die Republik erweisen.

1919

1.2 Die Weimarer Nationalversammlung

Die **Wahl zur Verfassunggebenden Nationalversammlung** brachte der 19. 1. SPD 37,9 % der Stimmen und zeigte, dass ihr gemäßigter Reformkurs den Wünschen weiter Bevölkerungsteile entsprach. Die USPD kam hingegen auf nur 7,6 %. Zudem erhielten die Parteien, die im Kaiserreich als »Reichsfeinde« verfolgt worden waren (SPD, Zentrum) oder ihm kritisch gegenübergestanden hatten (die aus Fortschrittspartei und linkem Flügel der Nationalliberalen entstandene linksliberale Deutsche Demokratische Partei) und die damit für einen Neuanfang stehen konnten, zusammen mit rund 76 % der Stimmen einen klaren Auftrag zur Regierungsbildung.

Die neu gewählte **Nationalversammlung trat in Weimar zusammen,** 6. 2. um Unruhen in Berlin auszuweichen. Daneben symbolisierte der Ort aber auch, dass die Republik sich einen neuen, humanistischen Geist (Weimar als Ort der deutschen Klassik) geben wollte. **Friedrich Ebert** 11. 2. wurde zum **Reichspräsidenten** gewählt, **Philipp Scheidemann** (SPD) wurde **Ministerpräsident** einer aus den republiktreuen Parteien der sog. 13. 2. Weimarer Koalition (SPD, Zentrum, DDP) gebildeten Regierung.

Währenddessen kam es weiterhin zu kommunistischen Aufständen, vor allem im Ruhrgebiet und in Bayern. Nach der **Ermordung des** 21. 2. **bayerischen Ministerpräsident Kurt Eisner** (USPD) durch einen nationalistischen Fanatiker, wurde **in München eine kommunistische** 7. 4. **»Räterepublik« ausgerufen,** die aber nach einigen Wochen von Freikorps und Truppen der Reichsregierung blutig beseitigt wurde.

1.3 Die Weimarer Verfassung

Nach **Unterzeichnung durch Reichspräsident Ebert** trat die von den 11. 8. Parteien der Weimarer Koalition (SPD, Zentrum, DDP) in der Nationalversammlung beschlossene **Verfassung der Weimarer Republik in Kraft.** 14. 8.

Im Unterschied zum Kaiserreich, das als Bund souveräner Fürsten entstanden war und eine konstitutionelle Monarchie mit einem schwachen Parlament gewesen war, wurde nun die **parlamentarische Republik,** in der alle Staatsgewalt ungeteilt vom Volk ausgeht (Volkssouveränität), verwirklicht.

Das Bestreben, den Volkswillen abzubilden, zeigt sich in zahlreichen Einzelheiten: Zum ersten Mal wurde das **aktive und passive Frauenwahlrecht** eingeführt. Um jede Wählerstimme zur Geltung zu bringen,

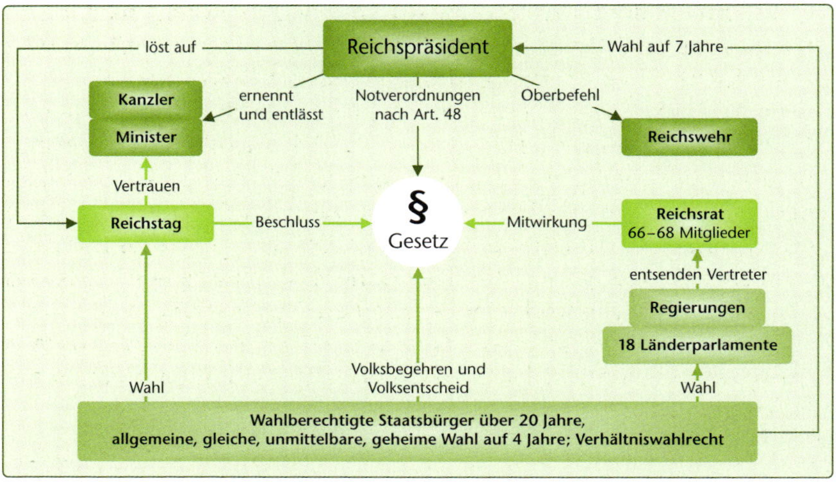

Die Weimarer Reichsverfassung von 1919

beschloss man das **Verhältniswahlrecht,** bei dem jede Partei für 60 000 Stimmen ein Mandat erhielt. Da aber keine prozentuale Sperrklausel den Einzug kleinster Parteien ins Parlament verhinderte, kam es zu einer starken Zersplitterung der Parteienlandschaft im Reichstag. Sie erschwerte in großem Maße die Bildung stabiler Regierungskoalitionen. Als Angebot an die Bürger, ihren politischen Wünschen auch außerhalb des Parlaments Ausdruck geben zu können, wurden **Volksbegehren und Volksentscheide** eingeführt. Auch dieses Element direkter Demokratie erwies sich jedoch als zweischneidig, da es von den antidemokratischen Kräften vor allem von rechts als Kampfmittel gegen die Republik zweckentfremdet wurde.

Gemäß dem Prinzip der Volkssouveränität kontrollierte der **Reichstag** die Exekutive. Reichskanzler und Minister bedurften seines Vertrauens und konnten durch ein einfaches Misstrauensvotum zum Rücktritt gezwungen werden. Der dadurch stark vereinfachte Sturz der Regierung war ein weiterer »Systemfehler« der Weimarer Verfassung, zumal das uneingeschränkte Verhältniswahlrecht die Bildung stabiler Regierungskoalitionen stets schwierig machte. Das Bonner Grundgesetz sieht deshalb im Interesse der Erhaltung einer arbeitsfähigen Regierung ein konstruktives Misstrauensvotum vor, d. h., ein Kanzlersturz ist nur mit der Wahl eines neuen Bundeskanzlers möglich.

Der **Reichspräsident** wurde ebenfalls vom Volk gewählt, nämlich in direkter Wahl und für eine siebenjährige Amtsdauer. Er verfügte über umfangreiche Vollmachten: Er ernannte den Reichskanzler und auf dessen Vorschlag die Minister, ohne an den Reichstag gebunden zu sein. Er konnte den Reichstag auflösen, wobei allerdings nach spätestens 60 Tagen Neuwahlen erfolgen mussten. Ferner verfügte er über den Oberbefehl über die Reichswehr. Von zentraler Bedeutung war sein **Notverordnungsrecht (Artikel 48).** Es erlaubte ihm bei Gefährdung der öffentlichen Ordnung Verordnungen ohne Zustimmung des Reichstags zu erlassen und Grundrechte außer Kraft zu setzen. Auch diese umfassenden Vollmachten und der dadurch erzeugte Dualismus zwischen Reichspräsident und Parlament sollten später mit zum Sturz der Republik beitragen.

Die Weimarer Reichsverfassung kannte, in der Tradition der Paulskirche, auch einen – allerdings nicht vor Gericht einklagbaren – **Grundrechtskatalog.** Problematisch war der oft formelhafte Kompromisscharakter der Grundrechte, deren konkrete Ausfüllung den Mehrheitsentscheidungen des Parlaments überlassen war. Dies erleichterte es den Gegnern des Weimarer Staates, ihn gleichsam »legal« zu bekämpfen.

1.4 Krisenjahre der Republik

1919

Der Versailler Vertrag

Bei der **Friedenskonferenz von Versailles** hatte sich die kompromisslose Position von Frankreichs Ministerpräsident Georges Clemenceau gegenüber der mehr auf Ausgleich bedachten Haltung des US-Präsidenten Wilson und des britischen Premiers Lloyd George durchgesetzt. Nach ultimativer Aufforderung durch die Alliierten und nachdem die Weimarer Nationalversammlung mehrheitlich zugestimmt hatte, erfolgte schließlich die **Unterzeichnung des Versailler Friedensvertrags durch die deutsche Delegation.** 18. 1.–28. 6. 28. 6.

Bestimmungen des Versailler Vertrags:

- **Gebietsabtretungen:** an Frankreich: Elsass-Lothringen; an Polen: Posen, Teile Westpreußens und Teile Oberschlesiens (nach Volksabstimmung); an Litauen: Memelgebiet; an die Tschechoslowakei: Hultschiner Ländchen; an Dänemark: Nordschleswig (nach Volksabstimmung); an Belgien: Eupen-Malmedy (nach Volksabstimmung); Saargebiet für 15 Jahre unter Völkerbundverwaltung; Besetzung der linksrheinischen Gebiete Deutschlands durch die Alliierten und Einteilung in drei Zonen, die im Zeitraum von 15 Jahren nach und nach geräumt werden sollen; Verzicht auf alle Kolonien.

- **Abrüstung:** Reduzierung der Reichswehr auf ein 100 000-Mann-Heer, Ablieferung des gesamten Kriegsmaterials, Verbot des Besitzes schwerer Waffen, Abschaffung der Wehrpflicht, östlich des Rheins 50 km entmilitarisierte Zone.
- **Sachlieferungen und Reparationszahlungen** in einer noch festzulegenden Höhe, zu leisten innerhalb von 30 Jahren.
- **Kriegsschuldartikel** (Art. 231): Begründung der Reparationen mit der alleinigen Kriegsschuld Deutschlands.

1919

28. 4.

Bestandteil des Versailler Vertrags war zudem die **Satzung des Völkerbundes,** die **auf der Versailler Konferenz verabschiedet** worden war. In den Völkerbund wurde das besiegte Deutschland allerdings zunächst nicht aufgenommen.

In Deutschland lösten die harten Friedensbedingungen Enttäuschung aus und wurden zur ständigen innenpolitischen Belastung der Weimarer Republik. Nicht nur wegen der wirtschaftlichen Folgen, sondern auch, weil die rechten Parteien und Gesellschaftsgruppen die Führung der Republik für die Annahme des Vertrags verantwortlich machten und damit gegen die demokratische Ordnung agitierten. Man wird freilich auch sehen müssen, dass der Vertrag die Sicherheitsbedürfnisse Frankreichs gegenüber seinem Nachbarn widerspiegelte und Deutschland immerhin in seiner Staatseinheit erhalten blieb.

1919/1920

In weiteren Pariser Vorortverträgen wurde der Frieden mit den anderen Kriegsgegnern geschlossen. Wichtigstes Ergebnis war die Entstehung Ungarns, der Tschechoslowakei, Polens und Jugoslawiens als neue, selbstständige Staaten.

Reparationen und Ruhrbesetzung

1921

24.–29. 1.

5. 5.

Die Reparationsfrage beherrschte bis in die Endphase der Republik die deutsche Innenpolitik und die internationalen Nachkriegskonferenzen. Auf der **Konferenz von Paris** etwa wurde die Reparationshöhe zunächst auf 226 Mrd. Goldmark, zahlbar in 42 Jahresraten, festgelegt. Im **Londoner Ultimatum** setzte die Reparationskommission zwar die Summe auf 132 Mrd. Goldmark herab, forderte jedoch die Annahme eines Zahlungsplanes, was Deutschland schließlich zusagte.

1923

Als die Reparationskommission zwei Jahre später feststellte, dass Deutschland mit Sachlieferungen in Rückstand geraten sei, erfolgte die **Besetzung des Ruhrgebiets** durch Frankreich und Belgien, um die deutsche Kohle- und Stahlproduktion zu requirieren (»Politik der produktiven Pfänder«). Reichskanzler WILHELM CUNO rief zu passivem Widerstand im Ruhrgebiet auf **(»Ruhrkampf«).** Es kam zu blutigen Zusammenstößen zwischen der Bevölkerung und den Besatzungstruppen. Nicht zuletzt, weil die Kosten des Widerstands die deutsche Wirtschaft zunehmend schwächten, entschied sich der Nachfolger CUNOS, der einem **»Kabinett der großen Koalition«** (DVP, Zentrum, DDP, SPD) vorstehende GUSTAV STRESEMANN (DVP), zur **Beendigung des Ruhrkampfs.**

11. 1.

13. 1.

26. 9.

Die Inflation

Die Belastungen durch die Reparationszahlungen und den Ruhrkampf mit seinen sozialen Kosten überstiegen die finanzielle Leistungsfähigkeit der Weimarer Republik bei weitem. Die Regierung ging daher dazu über, ihre Ausgaben durch weitere Kredite und durch die verstärkte Emission von Banknoten zu finanzieren. In der **Inflation** sank der Wert der deutschen Währung deshalb ins Bodenlose: Im November 1923 betrug der Wechselkurs zwischen Dollar und Papiermark 1 : 4,2 Billionen. Zwar wurde der Staat auf diese Weise seiner Schulden ledig, die nach dem Krieg 154 Mrd. Goldmark betragen hatten. Auch Privatschuldnern und Besitzern von Sachwerten kam die Inflation zugute. Verlierer waren hingegen Rentner, Lohnempfänger und Besitzer von Geldvermögen. Dies waren neben den Arbeitern die Angehörigen des Mittelstandes wie Angestellte und Beamte, die zusehends verarmten und dadurch zu Gegnern der Republik wurden. Die **Einführung der »Rentenmark«,** deren Kurs durch eine Hypothek auf Grundbesitz und industrielle Sachwerte gedeckt war, beendete schließlich die Inflation.

15. 11.

Opposition von links und rechts

Von Anfang an musste die Republik mit einer breiten Gegnerschaft von links und rechts leben **(»Republik ohne Republikaner«).** Belastend für das politische Klima war vor allem die von Konservativen und Rechten propagierte **»Dolchstoßlegende«.** Ihr zufolge war die

Heimat, d.h. die Linkskräfte, welche die Novemberrevolution 1918 trugen, durch den Umsturz dem »im Felde unbesiegten« Heer in den Rücken gefallen. Die Rechte prangerte die demokratischen Kräfte zudem als »Erfüllungspolitiker« des Versailler Vertrags an, während die extreme Linke die Republik als bürgerlich-kapitalistischen Staat ablehnte. Die wachsende Bedrohung des Weimarer Staates durch den Extremismus bis 1923 zeigte sich am Zerfall der die Republik tragenden Regierungsmehrheit der gemäßigten Parteien sowie an zahlreichen Unruhen und politischen Morden:

1920

13.–17. 3.
- Im **Kapp-Putsch** versuchten der Alldeutsche Wolfgang Kapp und General Walther von Lüttwitz mit einer Freikorpseinheit in Berlin die Macht zu übernehmen. Der Putsch scheiterte aber am passiven Widerstand der Ministerialbürokratie und einem von SPD und Gewerkschaften ausgerufenen Generalstreik.

6. 6.
- Bereits bei der **ersten Reichstagswahl** büßten die gemäßigten Parteien der Weimarer Koalition ihre parlamentarische Mehrheit ein, während die USPD ihre Mandatszahl fast vervierfachte und die Rechtsparteien DNVP und DVP diese verdoppelten. Erstmals seit 1918 entstand eine Regierung ohne Beteiligung der SPD.

1921
- **Rechtsradikale ermordeten** den Zentrumsführer und früheren Finanzminister **Matthias Erzberger und** Außenminister **Walther Rathenau.** 1922

1923
- Inflation, Wirtschaftskrise und Ruhrkampf verschärften 1923 das innenpolitische Klima.
- Auf dem Höhepunkt der allgemeinen Verwirrung putschte Adolf Hitler, der seit 1921 Vorsitzender der »Nationalsozialistischen Deutschen Arbeiterpartei« war, in München gegen die Reichsregierung. Der **Hitlerputsch** wurde aber niedergeschlagen, Hitler festgenommen und zu Festungshaft verurteilt.

8./9. 11.

1.5 Jahre der Stabilität

1922

16. 4.

Ein erster Versuch, die außenpolitische Isolation der Weimarer Republik aufzubrechen, war der **Vertrag von Rapallo** zwischen Deutschland und Sowjetrussland. Beide Länder verzichteten auf alle Reparationsansprüche gegeneinander, nahmen diplomatische Beziehungen miteinander auf und vereinbarten den Ausbau der Wirtschaftskontakte.

Insbesondere **Gustav Stresemann** hat als **Reichskanzler und** vor allem als **Außenminister** Deutschland in die Staatengemeinschaft zurückgeführt und die **Normalisierung des Verhältnisses zu den Westmächten** gefördert. Er verband das Ziel der Revision des Versailler Vertrags mit der Berücksichtigung der Sicherheitsinteressen der anderen Mächte. 1923 bis 1929

Die bisherige Behandlung der Reparationsfrage hatte gezeigt, dass die Reparationssummen, die die wirtschaftliche Leistungsfähigkeit Deutschlands überstiegen, unrealistisch waren und ein Zusammenbruch der deutschen Wirtschaft die politische Stabilität Deutschlands gefährden würde. Die Alliierten stimmten daher auf Initiative der USA einer Untersuchung der deutschen Zahlungsfähigkeit durch eine internationale Kommission zu. 1924 Das Ergebnis war der **Dawesplan,** der in London vereinbart wurde. 16. 8. Danach sollten die Reparationen nicht mehr als politische Angelegenheit, sondern als Wirtschafts- und Finanzproblem behandelt werden und sich an der deutschen Zahlungsfähigkeit orientieren. Deutschland sollte nun bis 1927/28 jährlich 1–1,75 Mrd. Goldmark und danach jährlich 2,5 Mrd. Goldmark zahlen. Um die deutsche Währung nach der Inflation zu stützen, erhielt Deutschland eine US-Anleihe. Den ausländischen Gläubigern wurden dadurch Garantien gegeben, dass Einnahmen aus Zöllen, Steuern und der Reichsbahn verpfändet wurden. 1925 Im Gegenzug wurde Deutschland in den internationalen Finanz- und Währungskreislauf aufgenommen. Mitbeschlossen wurde ferner, entsprechend dem neuen Verständnis der Reparationsfrage, die **Räumung des Ruhrgebiets** durch Frankreich und Belgien binnen Jahresfrist. Abschluss: 25. 8.

Der **Vertrag von Locarno** leitete vor allem die **Wiederannäherung an Frankreich** ein. 16. 10. Das Abkommen war maßgeblich von Gustav Stresemann initiiert worden, dem auf französischer Seite mit dem langjährigen Außenminister und Ministerpräsidenten Aristide Briand ein überzeugter Anhänger der europäischen Einigung und der deutsch-französischen Aussöhnung gegenüberstand.

Kern des Vertrags war der **Sicherheits-, Rhein-** oder auch **Westpakt,** in dem Deutschland, Frankreich und Belgien sich die Unverletzlichkeit ihrer gemeinsamen Grenzen garantierten. Damit erkannte Deutschland den Verzicht auf Elsass-Lothringen an und akzeptierte die Entmilitarisierung des Rheinlandes. Garantiemächte waren England und Italien. Damit wurde einerseits Deutschlands Schutzinteresse, andererseits Frankreichs Sicherheitsinteressen entsprochen. Deutschland schloss zudem mit Frankreich, Belgien, Polen und der Tschechoslowakei Schiedsverträge ab, wonach alle Grenzstreitigkeiten einer internationalen Gerichtsbarkeit unterworfen werden sollten. Berlin verpflichtete sich insbesondere, die Grenze mit Polen nicht mit Gewalt zu verändern. Ferner wurde der Eintritt Deutschlands in den Völkerbund beschlossen. In Deutschland wurden der Vertrag und der ihm zugrunde liegende Gedanke der Aussöhnung von rechts (wegen des Verzichts auf Elsass-Lothringen) und links (wegen der Annäherung an den »kapitalistischen Westen«) gleichermaßen bekämpft.

1926 Um Besorgnisse der UdSSR wegen der Annäherung Deutschlands an den Westen zu zerstreuen, schloss Deutschland mit der Sowjetunion in
24.4. Fortsetzung des Vertrags von Rapallo den **Berliner Vertrag,** einen Freundschafts- und Neutralitätsvertrag.

8.9./10.9. Gemäß den Vereinbarungen von Locarno wurde **Deutschland in den Völkerbund aufgenommen,** was seine internationale Stellung aufwertete.

1929 Verhandlungen zur Revision des Dawesplans führten zum **Youngplan.** 7.6.
1932 Er setzte die Reparationssumme auf 34,5 Mrd. Goldmark, zahlbar in 59 Jahresraten, herab. Eine **Konferenz in Lausanne beendete** schließ-
9.7. lich **das Reparationsproblem** durch die Festlegung einer einmaligen Restzahlung von 3 Mrd. Reichsmark. Tragisch war, dass die erfolgreichen Verhandlungen zum Abbau der Reparationen in der deutschen Öffentlichkeit nicht die erforderliche Beachtung gefunden haben, um der rechten Agitation gegen die Republik den Boden zu entziehen.

Die außenpolitische Entspannung, die allmähliche Lösung des Reparationsproblems und das Ende der Inflation führten zu einer innenpolitischen Stabilisierung der Republik. Dies spiegelte sich im Rückgang politischer Gewaltakte und in Verlusten der radikalen Parteien bei den Reichstagswahlen wider. Die Jahre 1924–1929 werden deshalb auch als Jahre der **Konsolidierung der Weimarer Republik** bezeichnet.

1929

1.6 Folgen der Weltwirtschaftskrise in Deutschland

25.10. Der Börsenkrach an der New Yorker Wall Street **(»Schwarzer Freitag«)** leitete dann die **Weltwirtschaftskrise** ein. Der durch den Zusammenbruch der Finanzmärkte in den USA ausgelöste Rückruf amerikanischer Kredite aus Deutschland führte auch hier zur Wirtschaftskrise.

Die **große Koalition** (SPD, DVP, DDP, Zentrum) **unter Reichskanzler Hermann Müller** konnte sich nicht über die durch die Wirtschaftskrise nötige Reform der Arbeitslosenversicherung einigen und **brach auseinander,** insbesondere weil die SPD hier zu keinem Kompromiss bereit war. Dies leitete das Ende der parlamentarischen Republik ein und stellt dadurch eine der tiefsten Zäsuren in der Geschichte der Weimarer Republik dar. Kennzeichen der Wirtschaftskrise war aber vor allem ein **Anstieg der Arbeitslosenzahlen auf über 6 Mill.** Die wirtschaftliche Not trieb die Arbeitslosen in die Arme der extremen Links- und Rechtsparteien (KPD/NSDAP). 1930 27. 3. 1932

1.7 Die Präsidialkabinette: Von Brüning zu Hitler

Nach dem Tod Friedrich Eberts war Generalfeldmarschall **Paul von Hindenburg,** dessen konservative Gesinnung ihren Ursprung noch in der Kaiserzeit hatte, **zum Reichspräsidenten gewählt** worden. Um ihn versammelte sich ein einflussreicher Zirkel rechtsgerichteter Kräfte, die eine vom Parlament unabhängige und vor allem ohne Beteiligung der SPD gebildete Regierung anstrebten. 1925 26. 4.

Nach dem Bruch der großen Koalition ernannte Hindenburg **Heinrich Brüning** (Zentrum) zum **Reichskanzler.** Da Brüning im Reichstag keine Mehrheit hatte, versuchte er, seine Politik mithilfe der Vollmachten des Reichspräsidenten durchzusetzen, vor allem mit dem erwähnten Notverordnungsrecht (Artikel 48) und dem Recht zur Auflösung des Reichstags (Artikel 25). Dies lief auf die Schaffung einer neuen Verfassungswirklichkeit hinaus, in der die Regierung zunehmend ohne parlamentarische Zustimmung, dafür aber in starker Abhängigkeit vom Reichspräsidenten agierte **(System der Präsidialkabinette).** Die Folgen waren: 1930 30. 3.

- Die Deutschen gewöhnten sich an eine autoritäre Regierungspraxis und daran, dass eine »Führergestalt«, damals der greise Reichspräsident Hindenburg, die politische Verantwortung trug.
- Parteien und Parlament erschienen zunehmend als wirkungslos. 1932 hielt der Reichstag nur noch 13 Sitzungen ab, fünf dabei verabschiedeten Gesetzen standen 60 Notverordnungen gegenüber.

Brüning versuchte, der Wirtschaftskrise mit einem strikten Sparkurs zu begegnen. Die sozialen Folgen dieser Politik und des durch sie ausgelösten Kaufkraftverlusts verschärften die Wirtschaftskrise und trieben die Menschen noch weiter in die Arme der extremen Parteien.

1930

Als das Parlament auf Antrag der SPD die Regierung Brüning aufforderte, die erste Wirtschaftsnotverordnung aufzuheben, **löste Hindenburg den Reichstag auf** und schrieb Neuwahlen aus. Diese **Reichstagswahl** veränderte die politische Landschaft nachhaltig: Hohen Verlusten der bürgerlichen Parteien und der SPD standen starke Gewinne der Extremparteien gegenüber: Die KPD legte von 10,6 auf 13,1% zu; insbesondere der NSDAP gelang es, Wähler aus allen Schichten und Parteien zu gewinnen: Sie erhöhte ihr Ergebnis von 2,6% auf 18,3% und entsandte statt bisher 12 nun 107 Abgeordnete in den Reichstag. Die bürgerlichen Parteien und die SPD gingen nun dazu über, das Präsidialkabinett Brüning zu tolerieren, nur um die extremen Parteien, v.a. die NSDAP, von der Macht fern zu halten. Diese benutzte indessen den Reichstag als Tribüne politischer Selbstdarstellung.

18.7. / 14.9.

Intrigen der konservativen Kreise um Hindenburg, vor allem des Reichswehrministers General Kurt von Schleicher, der eine Wende nach rechts unter Einbeziehung der NSDAP anstrebte, um diese zu »zähmen«, führten schließlich zum Zerwürfnis des Reichspräsidenten mit dem Kanzler und zum **Rücktritt Brünings.** Als Nachfolger wurde der von Schleicher vorgeschobene frühere Zentrumspolitiker **Franz von Papen Reichskanzler** mit einem Kabinett ohne parlamentarische Mehrheit. Zunehmend kam es zu bürgerkriegsähnlichen Auseinandersetzungen zwischen SA und Kommunisten.

1932

30.5. / 1.6.

31.7. Bei der nächsten **Reichstagswahl** wurde die **NSDAP stärkste Fraktion** (mit über 37% der Stimmen bzw. 230 der 608 Abgeordneten). Pläne Papens, Hitler als Vizekanzler in die Regierung einzubinden, ohne ihm wirklichen Einfluss zu gewähren, scheiterten, da Hitler das Kanzleramt forderte. Der neue Reichstag lehnte zudem Papens Wirtschaftsnotverordnung ab, was zu seiner erneuten Auflösung und einer weiteren **Reichstagswahl** führte. Papens Plan, nun per Staatsstreich das Parlament völlig auszuschalten, Parteien und Gewerkschaften zu verbieten und mithilfe der Reichswehr diktatorisch zu regieren, wurde jedoch von Hindenburg nicht unterstützt. Dies führte zum **Rücktritt Papens** und zur **Ernennung von General Kurt von Schleicher zum Reichskanzler.** Schleicher versuchte zunächst, SPD und Gewerkschaften für seine staatsdirigistische Wirtschafts- und Sozialpolitik zu gewinnen und die Nationalsozialisten durch Verbindungen mit dem »linken« Flügel der NSDAP zu spalten. Dies scheiterte am Widerstand Hitlers und der

6.11. / 17.11. / 2.12.

Industriellen, die SCHLEICHER als »Sozialisten in Generalsuniform« kritisierten.

1933

Unterdessen hatte sich PAPEN mit HITLER und dem konservativ-antidemokratischen Pressezaren und Großindustriellen ALFRED HUGENBERG (DNVP) auf die Bildung einer neuen Regierung geeinigt und konnte HINDENBURG schließlich überreden, die **Ernennung Hitlers zum Reichskanzler** vorzunehmen. Damit übernahmen die Nationalsozialisten die Macht in Deutschland. Die Hoffnung der konservativen Kräfte um PAPEN und HINDENBURG, HITLER durch die Regierungsbeteiligung zu »zähmen«, sollte sich jedoch bald als Trugschluss erweisen. 30. 1.

1.8 Ursachen des Scheiterns der Weimarer Republik

Das Scheitern der Weimarer Republik hat eine Vielzahl von Gründen:

- Die Weimarer Republik war das Ergebnis der Niederlage im Ersten Weltkrieg. Der Versailler Vertrag und die Reparationsfrage bildeten eine ständige innenpolitische Belastung.
- Die von Konservativen und Nationalsozialisten verbreitete »Dolchstoßlegende« und die hemmungslose Propaganda dieser Kreise gegen die »Regierung der Novemberverbrecher« schürten ein ablehnendes Klima gegen die Republik.
- Die Inflation 1923 und die Weltwirtschaftskrise 1929 führten zur Verarmung von Teilen der Arbeiterschaft und des Mittelstandes. Das verschärfte die sozialen und politischen Spannungen und machte diese Bevölkerungsgruppen für die radikalen Parteien und antidemokratischen Parolen anfällig.
- Insbesondere Reichswehr, Beamtenschaft und Justiz standen der Demokratie ablehnend gegenüber. Zugleich zog sich antidemokratisches Denken aber durch alle Bereiche der Gesellschaft.
- Eine starke Orientierung am Machtstaat sowie an charismatischen Führungspersönlichkeiten, die seit BISMARCK in Deutschland eine Tradition hatte, begünstigte erst HINDENBURG, dann HITLER.
- Aufgrund fehlender demokratischer Traditionen und politischer Erfahrungen versagten auch die politischen Parteien. Die Wahrung des Prinzipienstandpunktes und der Interessen der eigenen Klien-

tel waren ihnen wichtiger als die Bildung von Koalitionsregierungen, die pragmatische Kompromisse erforderten.

- Dazu kamen die Strukturschwächen der Weimarer Verfassung: Das uneingeschränkte Verhältniswahlrecht förderte die Parteienzersplitterung im Parlament und erschwerte die Bildung stabiler Regierungsmehrheiten. Daneben wirkte sich (durch HINDENBURGS Person bedingt) die starke Stellung des Reichspräsidenten verhängnisvoll aus.

1.9 Klausur mit Lösungen

Auszüge aus David Lloyd Georges Denkschrift an Clemenceau und Wilson vom 25. März 1919, dem so genannten Fontainebleau-Memorandum:

»Wir werden nie einen dauernden Frieden machen können, wenn wir versuchen, die Verhältnisse von 1914 wiederherzustellen. Aber die Gefahr besteht, dass wir die Volksmassen in ganz Europa den Extremisten in die Arme treiben, deren einziger Plan zur Neuzeugung der Menschheit die äußerste Zerstörung des ganzen bestehenden Gesellschaftsbaus ist. Diese Männer haben in Russland triumphiert. [...]

Die größte Gefahr, die ich in der gegenwärtigen Lage sehe, ist die, dass Deutschland sich mit dem Bolschewismus zusammentun und seine Hilfsmittel, seinen Verstand, seine breite Organisationskraft zur Verfügung der revolutionären Fanatiker stellen könnte, deren Traum ist, die Welt mit Waffengewalt für den Bolschewismus zu erobern. [...]

Wenn Deutschland zu den Spartakisten überläuft, ist es unausbleiblich, dass Deutschland sich mit den russischen Bolschewisten zusammentut. Tritt das ein, so wird ganz Osteuropa in den Kreis der bolschewistischen Revolution verschlungen, und über ein Jahr sind wir vielleicht Zeugen des Schauspiels von fast dreihundert Millionen Menschen, die, in einer großen roten Armee unter deutschen Instruktoren und deutschen Generalen organisiert, mit deutschen Kanonen und deutschen Maschinengewehren ausgerüstet, zur Erneuerung des Angriffs auf Westeuropa bereit sind. [...] Wenn wir weise sind, werden wir Deutschland einen Frieden anbieten, der, während er gerecht ist, für alle vernünftigen Leute vor der Alternative des Bolschewismus den Vorzug zu verdienen scheint. Ich würde deshalb in den Vordergrund des Friedens die Versicherung stellen, dass wir Deutschland, sobald es unsere Bedingungen, besonders den Schadensersatz, annimmt, wir ihm die Rohstoffe und die Märkte der Welt zu den gleichen Bedingungen, wie sie für uns selbst gelten, öffnen und alles Mögliche tun wollen, um dem deutschen Volk zu helfen, dass es wieder auf seine Füße kommt. Wir können nicht zugleich Deutschland verkrüppeln und erwarten, dass es uns bezahlt. [...]

Von jedem Gesichtspunkt aus scheint es mir deshalb, dass wir versuchen müssten, eine Friedensregelung abzufassen, als ob wir unparteiische Schiedsrichter wären, ohne Erinnerung an die Leidenschaften des Kriegs. Diese Regelung sollte drei Ziele im Auge haben. Zuallererst muss sie den Alliierten Gerechtigkeit widerfahren lassen, indem sie die Verantwortlichkeit Deutschlands für die Entstehung des Krieges und für die Art, in der er ausgefochten wurde, in Rechnung zieht. Zweitens muss es eine Regelung sein, die eine verantwortliche Deutsche Regierung im Glauben an die Möglichkeit der Erfüllung der übernommenen Verpflichtungen unterschreiben kann. Drittens muss es eine Regelung sein, die in sich selbst keine Neigung zu künftigen

Kriegen enthält und die eine Alternative zum Bolschewismus bildet, weil sie sich der vernünftigen allgemeinen Meinung als eine billige Regelung des europäischen Problems darstellt.
Es genügt aber nicht, einen gerechten und weitsichtigen Frieden mit Deutschland zu entwerfen. Wenn wir Europa eine Alternative zum Bolschewismus bieten wollen, müssen wir den Völkerbund zu etwas machen, was zugleich ein Schutz ist für die Nationen, die zu ehrlichem Verkehr mit ihren Nachbarn gewillt sind, und eine Drohung gegen diejenigen, die das Besitzrecht ihrer Nachbarn stören möchten, ob sie nun imperialistische Imperien oder imperialistische Bolschewisten sind.«

(zitiert nach Abitur 2001, Prüfungsaufgaben mit Lösungen. Geschichte, Leistungskurs Gymnasium Bayern, Freising 21. Auflage, 2000, S. 18 f.)

Aufgaben

a Erarbeiten Sie aus dem Text Leitlinien LLOYD GEORGES für eine europäische Friedensordnung und klären Sie, welche Gemeinsamkeiten mit Positionen des amerikanischen Präsidenten WILSON erkennbar sind!

b Bestimmen Sie die tief greifenden politischen Veränderungen, welche im Jahr 1919 die Schaffung einer Nachkriegsordnung auf der Basis der »Verhältnisse von 1914« (Zeile 1 f.) in Europa unmöglich machten!

c Wägen Sie ab, inwieweit LLOYD GEORGES Furcht vor einem bolschewistischen Umsturz in Deutschland in der damaligen Situation berechtigt war!

d Erörtern Sie die Rolle des kommunistischen Russland bzw. der Sowjetunion für die deutsche Außenpolitik der Zwanzigerjahre!

e Untersuchen Sie, in welchen wesentlichen Punkten sich die Situation 1945 in Bezug auf die Schaffung einer Nachkriegsordnung in Europa von der Situation in den Jahren 1918/19 unterschied! (Diese Frage dient nur zu Ihrer Information und wird hier nicht gelöst.)

Lösungsvorschläge

a Die Denkschrift zeigt, dass bei der Ausarbeitung der Friedensbedingungen in Versailles hinsichtlich des Vorgehens gegenüber Deutschland unter den Alliierten durchaus Meinungsverschiedenheiten bestanden. Der britische Premierminister nimmt hier eine vermittelnde Position zwischen der kompromisslosen Haltung Frankreichs und der auf internationale Kooperation bedachten Position der USA ein. Während Frankreich vor allem auf seine politischen und militärischen Sicherheitsinteressen gegenüber Deutschland fixiert ist und daher Deutschland möglichst nachhaltig schwächen will, bedenkt der englische Politiker, im Sinne des Gleichgewichts der Kräfte,

stärker die langfristigen Folgen, die sich aus zu harten Friedensbedingungen ergeben könnten. Sein Kernargument ist, dass eine zu starke wirtschaftliche und politische Schwächung Deutschlands letztlich auch die Gemeinschaft der westlich-demokratischen Staaten bedrohe, da sie Deutschland aufgrund der dadurch erzeugten politischen Instabilität für einen kommunistischen Umsturz anfällig mache.
Deutschland solle daher lieber einen »gerechten« Frieden erhalten, der so abgefasst sein müsse, »als ob wir unparteiische Schiedsrichter wären, ohne Erinnerung an die Leidenschaften des Krieges«. Der Friede müsse Deutschland die Märkte der Welt öffnen (Freihandelsprinzip), man müsse dem Land helfen, »dass es wieder auf seine Füße kommt« und dass die Forderungen, die man ihm auferlege, auch erfüllbar seien. Weil LLOYD GEORGE eine Sowjetisierung Deutschlands fürchtet, muss seiner Ansicht nach der Friedensschluss mit den Westmächten für die Deutschen eine bessere Alternative sein als der Übertritt des Landes zum Bolschewismus. Andererseits lässt LLOYD GEORGE aber keinen Zweifel daran, dass Deutschland für die von ihm verursachten Kriegsschäden »Schadensersatz« (also Reparationen) leisten müsse. Auch er betont also die Kriegsschuld Deutschlands. (Im weiteren Verlauf wird das Problem der von Deutschland aufzubringenden Reparationen und die Betonung der alleinigen Kriegsschuld Deutschlands die deutsche Innenpolitik erheblich beeinflussen und den Ausgleich zwischen den Kriegsgegnern erschweren.)
LLOYD GEORGES Ansichten weisen eine Reihe von Gemeinsamkeiten zum 14-Punkte-Programm des US-Präsidenten WILSON auf: Wie die USA, so plädiert auch LLOYD GEORGE für einen Völkerbund, der als kollektives Sicherheitssystem den Frieden garantieren solle. Entsprechend dem – vor allem – amerikanischen Selbstverständnis, dass nur die Demokratie eine friedliebende Staatsform sei, haben sowohl der britische Premier als auch der amerikanische Präsident an der Verantwortung des kaiserlichen Deutschland für den Krieg keinen Zweifel. Schließlich ist die Freiheit des Welthandels für beide gemäß den angloamerikanischen wirtschaftsliberalen Vorstellungen ein wichtiger Friedensgarant: Auch LLOYD GEORGE betont daher, dass man Deutschland »Rohstoffe und Märkte der Welt zu den gleichen Bedingungen, wie sie für uns selbst gelten, öffnen […]« müsse.

b Der Erste Weltkrieg beendete in Europa das »lange 19. Jahrhundert«. Mit dem Sturz der Monarchien in Deutschland, Österreich und – aufgrund der Revolution 1917 – auch in Russland gehörte das »monarchische Prinzip« endgültig der Vergangenheit an, wenngleich sich die Demokratie in vielen Staaten nur kurzfristig durchsetzen sollte und in Russland das Zarenreich unmittelbar durch die bolschewistische Diktatur abgelöst wurde. Da mit dem Sturz der Monarchien auch der Zerfall der übernationalen Reiche (Habsburgerreich und Zarenreich) verbunden war, brach nun auch in Ost- und Südosteuropa das Zeitalter der Nationalstaaten an. Gemäß dem Nationalstaatsprinzip entstanden dort eine Fülle neuer Staaten wie die Tschechoslowakei, Polen und Ungarn, aber auch ein neues übernationales Staatsgebilde, Jugoslawien, in dem sich neue nationale Konflikte ergeben sollten.
Der Kriegseintritt der USA und der kommunistische Umsturz in Russland im »Epochenjahr« 1917 markieren schließlich das Ende der europäischen Vormachtstellung in der Welt, die im 19. Jh. im Zeitalter des Imperialismus ihren Höhepunkt erlebt hatte. Beide Ereignisse sind bereits die ersten Vorboten des weltweiten bipolaren Mächtesystems und der Konfrontation der beiden gegensätzlichen Gesellschafts- und Ideologiesysteme (Kapitalismus – Kommunismus/Sozialismus), die die Weltpolitik bis 1989 beherrschen sollten.

Das Überwechseln der Deutschen in das kommunistische Lager würde nach LLOYD GEORGE eine außerordentliche Bedrohung für die westlichen Mächte darstellen, da dies die Kapazitäten der Roten Armee mit der Kriegsführungserfahrung der deutsche Generäle und den deutschen Waffen verbinde. Ganz unbegründet war diese Furcht nicht: Der Spartakusaufstand im Januar 1919 hatte die Labilität der jungen Republik gezeigt, und es gab starke Strömungen in Deutschland, die weiterhin konsequent für das Rätemodell eintraten. So hatte sich z. B. in Bayern nach der Ermordung des USPD-Politikers KURT EISNER eine Räterepublik gebildet (April 1919), die
c — jedoch durch Reichswehr und Freikorps blutig beseitigt wurde.
Andererseits ist auch auf die zahlreichen Ereignisse zu verweisen, die zeigten, dass die parlamentarische Republik in Deutschland durchaus mehrheits- und durchsetzungsfähig war. (Vgl. im Einzelnen die Ausführungen im Kapitel »Die Anfänge der Republik«.) Auch die Wahlen zur Nationalversammlung am 19. Januar 1919 machten deutlich, dass ein kommunistischer Umsturz von der Mehrheit der deutschen Bevölkerung nicht gewollt wurde. Bemerkenswert ist, dass LLOYD GEORGE einen konservativ-nationalistischen Umsturz in Deutschland als Reaktion auf die harten Friedensbedingungen offenbar gar nicht in Betracht zog.

Nach Kriegsende waren Deutschland und Russland gleichermaßen politisch isoliert: Deutschland war wegen des Krieges aus der Staatengemeinschaft ausgeschlossen, Sowjetrussland war mit den Westmächten verfeindet, deren antikommunistische Interventionsarmeen es im Bürgerkrieg (1918–1920) abwehren musste. Die westlichen Länder fürchteten ihrerseits die Ausbreitung der Revolution auf ihre Staaten. Insofern ist es verständlich, dass gerade die beiden damaligen »Außenseiter« der internationalen Staatengemeinschaft im Vertrag von Rapallo (1922) zu einer Zusammenarbeit kamen. Der Vertrag beinhaltete den gegenseitigen Verzicht auf Reparationen, die Aufnahme diplomatischer Beziehungen und die Verbesserung der Wirtschaftskontakte. Auch für die heimliche deutsche Aufrüstung unter Umgehung des Versailler Vertrags war die Unterstützung der UdSSR wichtig, da es im Gefolge der Annäherung beider Staaten zu einer geheimen Zusammenarbeit zwischen Reichswehr und russischer Armee kam.
Der Vertrag von Rapallo zeigt, dass Deutschland außenpolitisch doch noch einen gewissen Spielraum hatte, wenn es die Differenzen zwischen dem Westen und der Sowjetunion zu
d — seinen Gunsten ausnützte. Im Westen entstanden daher erneut die bereits von LLOYD GEORGE zum Ausdruck gebrachten Befürchtungen vor einer »Roten Armee unter deutscher Führung«.
Der Vertrag von Locarno (1925) schuf die Grundlage für die Annäherung Deutschlands an den Westen. Allerdings musste STRESEMANN nun umgekehrt sowjetische Ängste vor einem zu starken Anschluss der Weimarer Republik an die westlichen Staaten beschwichtigen. Der deutsch-sowjetische Freundschafts- und Neutralitätsvertrag von 1926 befreite die UdSSR deshalb von der Sorge, Deutschland werde zum Aufmarschplatz eines Krieges der »Kapitalisten« gegen die Sowjetunion. Der Berliner Vertrag ist jedoch auch im Zusammenhang mit dem Verhältnis beider Länder zu Polen zu bewerten. Die Wiedererstehung des in den polnischen Teilungen des 18. Jhs. untergegangenen polnischen Staates war weder von Deutschland (wegen der Gebietsverluste an Polen im Versailler Vertrag) noch von der UdSSR (wegen des Verlustes weißrussischer Gebiete an Polen nach dem polnisch-russischen Krieg 1920) begrüßt worden. Mit dem Berliner Vertrag wollte STRESEMANN die sowjetische Rückendeckung für die angestrebte friedliche Revision der deutsch-polnischen Grenze erreichen.

Die Diktatur des Nationalsozialismus und der Zweite Weltkrieg (1933–1945)

Die 12-jährige Herrschaft des Nationalsozialismus führte nicht nur Deutschland selbst, sondern ganz Europa in eine furchtbare Katastrophe. Den Ursachen und Folgen der nationalsozialistischen Diktatur nachzugehen, ist daher eine der wichtigsten Aufgaben unserer demokratischen politischen Kultur und damit auch des Geschichtsunterrichts. Gerade hier gilt es, aus der Geschichte zu lernen.

2.1 Die Ideologie des Nationalsozialismus

Die nationalsozialistische Ideologie verband Konzepte unterschiedlichster Herkunft, die zum Teil aus dem 19. Jh. stammten, und versah sie mit einem absoluten Deutungsanspruch. Wichtige Bestandteile dieser »Weltanschauung« waren:

- Ein **biologisch und kulturell argumentierender Rassismus:** Dieser Vorstellung nach ist der »nordische« bzw. »arische« Mensch biologisch, kulturell und zivilisatorisch allen anderen Rassen überlegen. Um die Überlegenheit der »arischen Rasse« weiterhin zu gewährleisten, sei es notwendig, sie auch genetisch »rein« zu erhalten, durch Heirats- und Familiengesetze, Ausmerzung »unwerten Lebens«, also physisch und psychisch Kranker etc.
- Ein ausgeprägter **Antisemitismus:** Hier verbinden sich ein auf ältere Wurzeln in der europäischen Geschichte zurückgehender kultureller und sozialer Antisemitismus mit neuen, biologischen Argumentationen. Das Judentum wird als negativer Gegenpol und existenzielle Bedrohung der »germanischen Rasse« und des deutschen Volkes angesehen, das mit allen Mitteln und ohne irgendwelche ethischen Bedenken bekämpft werden müsse.
- Ein radikaler **Sozialdarwinismus:** Die nationalsozialistische Politik müsse demnach im steten Kampf der Rassen und Völker, notfalls auch durch die vollständige Vernichtung anderer Völker, das Überleben der »arischen Rasse« und des deutschen Volkes sichern.
- Die Existenz des eigenen Volkes könne zudem nur durch einen hinreichend großen **»Lebensraum«** gesichert werden. Ziel des NS-Staates ist daher die Expansion zur Eroberung dieses »Lebensraums«, den man vor allem im Osten suchte.

- Bestandteil der NS-Ideologie war ferner das **Führerprinzip,** das zur strikten Ablehnung der Demokratie führte. Damit kam der Nationalsozialismus den weit verbreiteten autoritären und obrigkeitshörigen Prägungen in der deutschen Gesellschaft entgegen.
- Schließlich war dem Nationalsozialismus der **Volkstumsgedanke** zentral. Er wandte sich sowohl gegen das marxistische Klassenkampfmodell, dem er die Vorstellung einer alle sozialen Schichten umfassenden Volksgemeinschaft entgegensetzte, als auch gegen den westlichen Liberalismus, dessen Konzept von den Rechten und Freiheiten des Einzelnen er als eine die Volksgemeinschaft »atomisierende« Ideologie kritisierte.

2.2 Die Errichtung der nationalsozialistischen Diktatur

Bei der Errichtung der nationalsozialistischen Diktatur wurden drei Verfahrensweisen sichtbar:

Durch Notverordnungen und Gesetze versuchte man zum einen, der Errichtung des nationalsozialistischen Staates eine **Legalitätsfassade** zu verleihen. Damit wurde eine hohe Akzeptanz des Regimes in konservativen Kreisen und in der Beamtenschaft erreicht.

Die Errichtung der Diktatur wurde zum Zweiten durch **staatliche und außerstaatliche Gewaltausübung** (durch Polizei, Gestapo, Terror von SA und SS) vorangetrieben.

Drittens baute die NS-Herrschaft auch auf **Propaganda und Massenmobilisierung:** Dazu gehörten nicht nur die Gleichschaltung und der geschickte Einsatz der Medien (v.a. auch des neuen Massenmediums Rundfunk), sondern auch pathetische, die Emotionen ansprechende Inszenierungen von politischen Feierstunden und Veranstaltungen (z.B. Reichsparteitage).

Stufen der Machtergreifung

1933

Nach der **Ernennung Adolf Hitlers zum Reichskanzler** veranlasste dieser Reichspräsident HINDENBURG zu einer neuerlichen **Auflösung des Reichstags,** in der Hoffnung, mit den jetzt zur Verfügung stehenden Machtmitteln und Propagandamöglichkeiten von Partei und Staat die Opposition unterdrücken und bei der Neuwahl auf »legalem« Weg eine Mehrheit erhalten zu können.

30. 1.
1. 2.

1933

27.2. Den **Brand des Reichstags,** der einem Kommunisten zur Last gelegt wurde, nahm HITLER zum Anlass, zunächst gegen die KPD vorzugehen: Rund 4000 kommunistische Funktionäre und Abgeordnete wurden verhaftet, die kommunistische Presse verboten. Zudem erließ man auf der Grundlage des Weimarer Notverordnungsrechts die **Verordnung**
28.2. **des Reichspräsidenten zum Schutz von Volk und Staat,** die wichtige Grundrechte, etwa das Recht auf persönliche Freiheit, Meinungs- und Pressefreiheit, Vereins- und Versammlungsfreiheit, Briefgeheimnis usw. außer Kraft setzte. Man hat diese Verordnung als »Grundgesetz der Diktatur« und als Errichtung eines »permanenten Ausnahmezustands« bezeichnet, denn nun war jeder der Willkür des Staates ausgeliefert. Zahlreiche politische Gegner, insbesondere die Kommunisten, wurden auf der Basis der Verordnung in »Schutzhaft« genommen und in die neu errichteten **Konzentrationslager** eingeliefert.

Trotz dieser Unterdrückungsmaßnahmen erhielt die NSDAP aber bei
5.3. der **Reichstagswahl** nicht die erwünschte absolute Mehrheit, sondern nur 43,9% der Stimmen bzw. 288 von 647 Sitzen. Sie war deshalb weiterhin auf den nationalkonservativen Bündnispartner DNVP (8%; 52 Abgeordnete) angewiesen.

21.3. Ein Staatsakt in der Potsdamer Garnisonskirche **(»Tag von Potsdam«),** bei dem Reichspräsident HINDENBURG, der für die Traditionen des Kaiserreichs stand, und HITLER gemeinsam auftraten, sollte den bürgerlichen und konservativen Schichten zeigen, dass es keinen Gegensatz zwischen preußischer Tradition und »nationalsozialistischer Revolution« gebe.

Der Reichstag stimmte – mit Ausnahme der SPD-Fraktion und der Kommunisten, die zuvor ausgeschaltet worden waren – dem »Gesetz zur
23.3. Behebung der Not von Volk und Staat«, dem sog. **Ermächtigungs-**
24.3. in Kraft **gesetz,** zu. Dies kam einer Selbstentmachtung des Parlaments gleich:

- Reichsgesetze können außerhalb des von der Verfassung vorgegebenen Verfahrens auch durch die Reichsregierung beschlossen werden.
- Die so beschlossenen Reichsgesetze können von der Reichsverfassung abweichen.
- Reichsgesetze können vom Reichskanzler verkündet werden.
- Völkerrechtliche Verträge bedürfen nicht mehr der Zustimmung des Reichstags.

Die Selbstentmachtung des Parlaments durch das Ermächtigungsgesetz

Die Zustimmung zum Ermächtigungsgesetz bedeutete die grundsätzliche Aufhebung der Gewaltenteilung, den Übergang der gesetzgebenden Gewalt auf die Exekutive und das Ende der Weimarer Verfassung, die den Nationalsozialisten zur beliebigen Disposition gestellt war. Des Weiteren war HITLER nun nicht mehr auf den Reichspräsidenten und dessen Notverordnungsrecht angewiesen. 1933

Daraufhin erfolgte die »Gleichschaltung« der Exekutive: Zum einem betraf dies die Länder des Reichs. Die Beseitigung dieses potenziellen Gegengewichts gegen die nationalsozialistische Regierung in Berlin erfolgte v.a. mit dem **Gesetz zur Gleichschaltung der Länder mit dem Reich,** das in den Ländern »Reichsstatthalter« als oberste Exekutive einsetzte. Das **Gesetz zur Wiederherstellung des Berufsbeamtentums,** das die Entlassung aller oppositionellen und »nichtarischen« Beamten ermöglichte, brachte dann die gesamte Staatsbürokratie auf NS-Kurs. 7.4. 7.4.

Der Ausschaltung der KPD nach dem Reichstagsbrand folgte die **Auflösung der Gewerkschaften.** Wenig später kam es dann unter dem Druck der Nationalsozialisten zur **Selbstauflösung aller bürgerlichen Parteien** sowie zum **Verbot der SPD,** deren Parteiführer verhaftet wurden oder ins Exil gingen. Das **Gesetz gegen die Neubildung von Parteien** verbot alle Parteien außer der NSDAP; mit dem Gesetz zur Sicherung der Einheit von Partei und Staat wurde die **NSDAP Staatspartei.** Durch das Gesetz über den Neuaufbau des Reiches erfolgte die endgültige **Aufhebung der Länder.** 2.5. Juni/Juli 22.6. 14.7. 1.12. 1934 30.1.

Die in den Anfängen der NSDAP als Kampforganisation der Partei gegründete SA entwickelte sich unter ihrem Stabschef ERNST RÖHM immer mehr zu einem internen Machtfaktor in der Partei. Dies zeigte sich in Plänen, die SA in ein Milizheer umzuwandeln, in dem auch die Reichswehr aufgehen sollte, letztlich im Versuch zur Errichtung eines SA-Staates. HITLER empfand dies als Bedrohung seiner Machtstellung und ließ daher in der **Röhm-Affäre** RÖHM und weitere SA-Führer von Gestapo und SS ermorden. 30.6.

Nach dem **Tod Hindenburgs** übernahm **Hitler** als **»Führer und Reichskanzler«** auch das Amt des Reichspräsidenten. Beide Ämter wurden per Gesetz auf Dauer vereinigt, die bislang auf die Verfassung vereidigte Reichswehr nunmehr auf HITLER persönlich eingeschworen. 2.8.

Die totalitäre Gleichschaltung von Kultur und Lebenswelt

Von zentraler Bedeutung für die Herrschaftstechnik der Nationalsozialisten war die »Gleichschaltung« des kulturellen Bereichs. Als berufsständische Zusammenfassung aller im Kulturbereich Tätigen wurde die **Reichskulturkammer** eingeführt. Zudem wurde Druck auf wissenschaftliche Institutionen (Abschaffung der Freiheit von Forschung und Lehre an den Universitäten) und den gesamten Kulturbereich ausgeübt, um sie im nationalsozialistischen Sinne zu steuern. Zahlreiche kritische Künstler und Wissenschaftler verließen daraufhin das Land.

1933

Das Verhältnis von katholischer Kirche und NS-Regime schwankte zwischen Respektierung der gegenseitigen Einflusssphären (konkre-
20. 7. tisiert im **Konkordat mit dem Vatikan**) und kirchlicher Kritik am NS-System. Letztere kam z. B. in der Enzyklika Papst PIUS XI. »Mit brennender Sorge« (1937) zum Ausdruck, welche die Rassenlehre und den totalitären Charakter des NS-Staates verurteilte, aber auch in der Opposition einzelner mutiger Kirchenmänner. Trotz des Konkordats kam es deshalb zu Behinderungen bzw. Verboten katholischer Einrichtungen und zu Prozessen gegen kritische Priester und Ordensgeistliche.

Größeren Einfluss erlangten die Nationalsozialisten in der evangelischen Kirche, wo sich die Bewegung der **Deutschen Christen** bildete, die dem NS-Staat nahe stand. Dagegen richtete sich der Protest der Bekennenden Kirche unter maßgeblicher Leitung von MARTIN NIEMÖLLER, die sich auf die alleinige Autorität der Bibel berief.

Ziel des Regimes war die Errichtung eines totalitären Staates, der alle Lebensbereiche erfassen, kontrollieren und den Bestrebungen des Nationalsozialismus dienstbar machen sollte. Der allumfassende Zugriff des totalitären Systems zeigte sich z. B. in der **Jugenderziehung.** Der sog. **Hitlerjugend (HJ)** mussten alle Heranwachsenden vom 10. – 18. Lebensjahr beitreten.

Nationalsozialistische Wirtschaftspolitik

Ein geschlossenes wirtschaftspolitisches Konzept ist von den Nationalsozialisten nicht entwickelt worden. Solange die Wirtschaft die ihr zugedachten Aufgaben erfüllte – Herstellung der wirtschaftlichen Autarkie Deutschlands und Rüstung für den Krieg –, stand die kapitalistische Eigentumsordnung nicht zur Disposition. Im Gegenteil, der

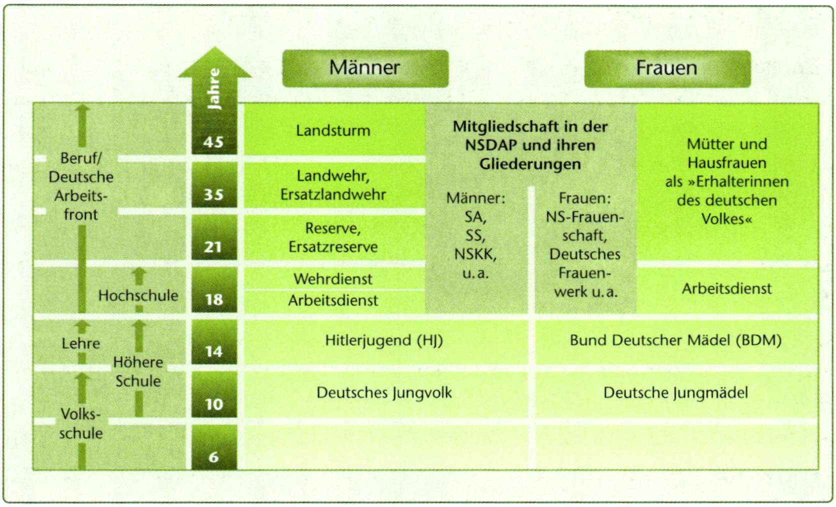

Der gleichgeschaltete Staatsbürger

NS-Staat beseitigte vielmehr die bis dahin erreichten Errungenschaften in der Sozialverfassung und führte zur Entmündigung der Arbeiter. Dies zeigte nicht nur die Zerschlagung der Gewerkschaften. Im **Gesetz zur Ordnung der nationalen Arbeit** wurden die Betriebsräte aufgelöst, Tarifstreitigkeiten durch staatlich eingesetzte Zwangsschlichter geregelt. Die Betriebe wurden durch die Deutsche Arbeitsfront (DAF) überwacht, der alle Arbeitnehmer und Arbeitgeber beitreten mussten. 1934 20. 1.

Der Zugriff des Staates auf die Wirtschaft ergibt sich aus Dokumenten wie **Hitlers geheimer Denkschrift über die Aufgaben des wirtschaftlichen Vierjahresplans.** In ihr wurde zur Erreichung der Kriegsfähigkeit innerhalb von vier Jahren die weitgehende Selbstversorgung und Unabhängigkeit Deutschlands vom Welthandel (Autarkie) gefordert, und zwar ohne Rücksicht auf ökonomische Kalkulation. Die Wirtschaft hatte sich dem Ziel der Kriegsbereitschaft unterzuordnen. 1936 August

In diesem Rahmen war der Abbau der in der Weltwirtschaftskrise enorm gewachsenen Arbeitslosigkeit eher ein Nebeneffekt. Denn er ging weniger auf eine selbsttragende Konjunkturbelebung als auf staatliche Arbeitsbeschaffungsprogramme (z. B. Autobahnbau) und die Einrichtung der Arbeitsdienstpflicht **(Reichsarbeitsdienst, RAD),** später vor allem auf die **Aufrüstung** zurück: 1933 betrugen die Rüstungsausgaben 720 Mill. RM, 1938 dagegen bereits 17,2 Mrd. RM.

Der nahezu ausschließlich durch Staatsausgaben erzeugte Beschäftigungszuwachs ließ die Arbeitslosigkeit von 6 Mill. im Jahr 1933 auf unter 1 Mill. im Jahr 1937 sinken; 1936 wurde Vollbeschäftigung erreicht. Diese Erfolgsbilanz brachte dem Regime erhebliche Sympathiegewinne in der Bevölkerung, wobei übersehen wurde, dass sie nur einer hemmungslosen **Staatsverschuldung** zu verdanken war.

Ab 1942 wurde die **Kriegswirtschaft** unter Rüstungsminister ALBERT SPEER noch stärker gelenkt. Dass trotz der immer intensiveren alliierten Luftangriffe die Rüstungsproduktion bis Ende 1944 anstieg, wurde freilich nur durch die Ausbeutung der besetzten Länder sowie den massiven Einsatz mehrerer Millionen zwangsverschleppter »Fremdarbeiter« und der KZ-Häftlinge in der Rüstungsindustrie erreicht.

2.3 Nationalsozialistische Außenpolitik bis zum Beginn des Zweiten Weltkriegs

Von Anfang an ging die außenpolitische Konzeption der Nationalsozialisten weit über die Vorstellungen der Konservativen von einer Revision des Versailler Vertrags hinaus. Leitziel war vielmehr die in der NS-Ideologie zentrale Idee der »Eroberung neuen Lebensraumes«
1933 im Osten, was HITLER wiederholt, so etwa im **Liebmannprotokoll** oder
1937 auch im **Hoßbachprotokoll,** betont hatte. Darüber hinaus strebte man langfristig die globale Hegemonie Deutschlands an, die nach HITLERS Überzeugung letztendlich nur in einer Auseinandersetzung mit den USA errungen werden konnte.

Stationen der Revision des Versailler Vertrags

In diesem Expansionskonzept war die Revision des Versailler Systems also nur die erste Stufe, die von HITLER unter steter Beteuerung des
1933 deutschen Friedenswilllens und der Saturiertheit nach Erlangung der »legitimen Ansprüche« vollzogen wurde:

- 14. 10. Deutschland erklärt seinen **Austritt aus dem Völkerbund.**
- 1935 **Volksabstimmung im Saargebiet** unter Völkerbundaufsicht. Nach 91 % Zustimmung für die Zugehörigkeit zum Deutschen Reich beschließt der Völkerbund die Wiedereingliederung in das Reich. 13. 1.

1935

- 16.3. **Aufkündigung aller** vom Versailler Vertrag Deutschland auferlegten **Rüstungsbeschränkungen, Wiedereinführung der Wehrpflicht.**
- **Deutsch-britisches Flottenabkommen.** Großbritannien erklärt sich unter Protest Frankreichs mit der Aufrüstung der deutschen Flotte auf 35% der britischen Stärke einverstanden. 18.6.

1936

- **Einmarsch deutscher Truppen in das entmilitarisierte Rheinland** unter einseitiger **Aufkündigung des Locarnovertrags** durch das Deutsche Reich. 7.3.
- Vertrag über Zusammenarbeit zwischen Deutschland und dem faschistischen Italien MUSSOLINIS **(»Achse Berlin–Rom«).** Danach 25.10.
25.11. **Abschluss des »Antikominternpaktes«** mit Japan, dem später Italien und andere Staaten beitraten. Dieser Vertrag sollte zur Abwehr der kommunistischen Zweiten Internationale dienen.

Die Errichtung des »Großdeutschen Reiches«

Nachdem die Revision des Versailler Vertrags erreicht war, ging Deutschland offen zur Expansionspolitik über, zunächst unter der Parole der Sammlung aller von Deutschen besiedelten Gebiete in einem Staat:

1938

- /13.3. **Einmarsch deutscher Truppen in Österreich,** dort Bildung einer NS-Regierung und **Anschluss Österreichs an das Reich.**
- Auf der **Münchener Konferenz** einigten sich **Deutschland,** Italien, England und Frankreich auf die von HITLER geforderte Abtretung des deutsch besiedelten Sudetenlandes durch die Tschechoslowakei. Daraufhin **Einmarsch deutscher Truppen in das Sudetenland.** 29.9. 1.10.

Die Konzessionsbereitschaft der Westmächte gegenüber Deutschland bei der Münchener Konferenz ging vor allem auf Großbritanniens Premierminister ARTHUR NEVILLE CHAMBERLAIN zurück und wurde später als **Appeasementpolitik** heftig kritisiert. Man warf CHAMBERLAIN vor, den Expansionsdrang HITLERS belohnt, anstatt dem NS-Regime durch entschlossenen Widerstand die Grenzen seiner aggressiven Politik aufgezeigt zu haben. Es ist aber zu bedenken, dass der Appeasementkurs in Großbritannien populär war, da die Briten keinen Krieg wollten. Zudem setzte CHAMBERLAIN auch aus machtpolitischen Überlegungen (Zeitgewinn für die eigene Aufrüstung) auf einen Ausgleich und war bereit, den Deutschen im Sinne des Gleichgewichts der Kräfte die Revision von Versailles und eine Großmachtstellung zuzugestehen.

1939

- Unter massivem deutschem Druck stimmte die Tschechoslowakei der Errichtung eines deutschen **»Reichsprotektorats Böhmen und Mähren«** zu. Daraufhin marschierte die Wehrmacht in diese Gebiete ein.

15./16.3.

Entgegen HITLERS Versprechungen in der Sudetenkrise hatte sich Deutschland die »Resttschechei« einverleibt, bei der es sich definitiv nicht um von Deutschen besiedeltes Gebiet handelte. Damit war das Ende des internationalen Vertrauens in das Reich endgültig erreicht. Auch in Großbritannien setzten sich nun die Vertreter einer harten Linie gegenüber Deutschland durch.

Da HITLER wiederholt Forderungen an Polen erhoben hatte (u.a. Rückgabe Danzigs, exterritoriale Verbindung zwischen Ostpreußen und dem Reich), gaben England und Frankreich Garantieerklärungen für die Unabhängigkeit Polens ab. Auf dem Höhepunkt der internationalen Krise schloss HITLER, um nach Osten hin den Rücken für das militärische Vorgehen gegen Polen frei zu haben, mit der UdSSR unter STALIN

23.8. den **deutsch-sowjetischen Nichtangriffspakt.** Ein **geheimes Zusatzprotokoll** teilte Osteuropa in Interessensphären beider Staaten ein: Während der UdSSR Ostpolen, Estland, Lettland, Finnland und das östliche Rumänien (Bessarabien) zugesprochen wurde, erhielt Deutschland Westpolen und Litauen als Einflusssphäre.

2.4 Der Zweite Weltkrieg

1.9. Mit dem **Überfall** der Wehrmacht **auf Polen** begann der Zweite Weltkrieg. **Großbritannien und Frankreich traten umgehend in den Krieg**
3.9. **gegen Deutschland ein.** Aufgrund der Überlegenheit der deutschen Armee gegenüber Polen wurde das Land in wenigen Wochen besetzt.
17.9. Gemäß dem Hitler-Stalin-Pakt erfolgte zudem der **Einmarsch sowjetischer Truppen in Ostpolen.** Danzig und die nach dem Ersten Weltkrieg von Deutschland an Polen abgetretenen Gebiete Posens und Westpreußens wurden unter Vertreibung der dortigen polnischen Bevölkerung wieder in das Reich eingegliedert, die restlichen deutsch besetzten Gebiete als »Generalgouvernement Polen« der deutschen Herrschaft unterworfen. Dort begann man sofort mit der systematischen Beseitigung der polnischen Führungsschicht durch Ermordung und Zwangsarbeit sowie der Konzentration der jüdischen Bevölkerung in Gettos in den polnischen Städten.

1940

Zur Sicherung der kriegswichtigen schwedischen Erzzufuhr und als Basis für den See- und Luftkrieg gegen Großbritannien begannen deutsche Truppen die **Besetzung Dänemarks und Norwegens.** 9. 4.

Wenig später erfolgte der deutsche **Angriff auf Frankreich, Belgien und Holland,** die ebenfalls schnell niedergeworfen wurden. Italien, das zunächst neutral geblieben war, trat nun in den Krieg gegen Frankreich und England ein. 10. 5.

Nach dem **Waffenstillstand mit Frankreich** fiel die Nordhälfte des Landes mit Paris sowie der Kanal- und Atlantikküste unter direkte deutsche Herrschaft, im Süden etablierte sich ein von den Deutschen toleriertes autoritäres Regime (sog. »Vichy-Regime« unter Marschall PÉTAIN). Zunächst kam es zu einer gewissen Zusammenarbeit mit den Deutschen **(Kollaboration),** ab Mitte 1941 wuchs jedoch der französische Widerstand **(Résistance)** mit Sabotage- und Partisanenaktionen, welche die deutschen Besatzer mit drakonischen Strafmaßnahmen bekämpften (Massaker, Geiselerschießungen). Die Résistance wurde vor allem von General CHARLES DE GAULLE organisiert, der nach London geflohen und dort als »Führer aller freien Franzosen« anerkannt worden war. 22. 6.

HITLERS Absicht, durch die Erringung der Lufthoheit über Großbritannien die Landung auf der Insel vorzubereiten, scheiterte in der sog. **Luftschlacht um England.** Grund für den erfolgreichen britischen Widerstand war auch, dass Großbritannien, das inzwischen von einer Koalitionsregierung unter dem konservativen Premier WINSTON CHURCHILL regiert wurde, in zunehmendem Maße von den USA mit Kriegsmaterial unterstützt wurde. Der US-Kongress hatte dazu das so genannte **Lend-Lease-Act** (Leih- und Pachtgesetz) erlassen, das den Präsidenten zur Lieferung von Kriegsgerät an Staaten ermächtigte, deren Verteidigung im Interesse der USA lag. Juli 1940 bis Mai 1941; 1941; 11. 3.

Ein weiterer Kriegsschauplatz wurde durch den **deutschen Feldzug auf dem Balkan** eröffnet, der mit der **Kapitulation Jugoslawiens und Griechenlands** endete, woraufhin in beiden Ländern ein heftiger Partisanenkrieg gegen die Deutschen entbrannte. April

Mit dem **Angriff auf die Sowjetunion** unternahm HITLER den gemäß der nationalsozialistischen Weltanschauung zentralen Krieg zur Gewinnung von »Lebensraum im Osten« und zur Vernichtung des Bolschewismus. Anfänglich hatten die deutschen Truppen große Erfolge. Nach 22. 6.

1941 der Konsolidierung der russischen Abwehr und dem Einsetzen des russischen Winters blieb der deutsche Vormarsch aber vor Moskau stecken, die russische Armee ging zur Gegenoffensive über.

Entsprechend dem nationalsozialistischen Programm des rassenideologischen Kriegs gegen die Sowjetunion wurden die militärischen Operationen von Anfang an durch einen Vernichtungskrieg gegen die Bevölkerung, vor allem die kommunistischen Funktionäre und die Juden (HITLERS Vorstellung vom »Ostjudentum« als Reservoir des Bolschewismus), begleitet. Bereits vor Beginn des Feldzugs hatte HITLER einen Krieg ohne Bindung an kriegsrechtliche Normen angekündigt, in einem Erlass Straffreiheit für ein brutales Vorgehen gegen die sowjetische Zivilbevölkerung und im sog. **Kommissarbefehl** die Liquidierung aller kommunistischen Politkommissare angeordnet. Hinter den vorrückenden Truppen führten Einsatzgruppen von Sicherheitspolizei und Sicherheitsdienst mit Duldung oder Unterstützung der Wehrmacht diese Order und die Tötung oder Deportation der Juden in die Konzentrationslager durch. Es kam zudem zur massenhaften Verschleppung russischer Kriegsgefangener und Zivilisten zur Zwangsarbeit nach Deutschland. Gegen die Besatzung entbrannte ein heftiger russischer Partisanenkrieg, den wiederum die Deutschen mit Terrormaßnahmen gegen die Zivilbevölkerung beantworteten.

7. 12. Die Ausweitung zum globalen Krieg erfolgte durch den **japanischen Überfall auf** den amerikanischen Flottenstützpunkt **Pearl Harbor** auf
8. 12. Hawaii, der **Kriegserklärung der USA und Großbritanniens an Japan**
sowie **Deutschlands und Italiens an die USA.** Der Kriegseintritt der USA 11. 12.
mit ihrem gewaltigen Wirtschafts- und Militärpotenzial verschob das Kräfteverhältnis endgültig zuungunsten der Achsenmächte, die ab 1942 auf allen Kriegsschauplätzen die Initiative verloren. Die wachsende Überlegenheit der Alliierten zeigte sich auch in der massiven Verstärkung der bald nahezu kontinuierlichen **alliierten Luftangriffe** auf die Kriegsinfrastruktur und die Zivilbevölkerung der deutschen Städte.

1943 Vor dem Hintergrund der absehbaren Kriegswende einigten sich Groß-
Januar britannien und die USA auf der **Konferenz von Casablanca** auf die »bedingungslose Kapitulation« der Achsenmächte.

Der Vorstoß der deutschen Wehrmacht im Süden der Sowjetunion
31. 1./2. 2. endete schließlich mit der Einkesselung und **Kapitulation der 6. deutschen Armee in Stalingrad.** Danach wurde die deutsche Front stetig

nach Westen zurückgedrängt. In Deutschland rief Goebbels unter- 1943
dessen die Bevölkerung zum »totalen Krieg« auf. Nach der **Landung** 10.7.
der Briten und Amerikaner in Sizilien und der Eroberung großer Teile
der italienischen Halbinsel kam es zum **Sturz Mussolinis,** zum Aus- 25.7.
scheiden Italiens aus der Achsenkoalition und zur Kriegserklärung Ita-
liens an Deutschland. Auch auf dem pazifischen Kriegsschauplatz kam
der Vormarsch der Japaner, die weite Teile Indochinas, Chinas, Koreas,
der Philippinen, Indonesiens und der pazifischen Inselwelt erobert
hatten, zum Stehen, es begann die alliierte Gegenoffensive.

Auf der **Konferenz von Teheran** verständigten sich Stalin, Roosevelt 28.11.–1.12.
und Churchill über weitere Punkte der Nachkriegsordnung, etwa die
Aufteilung Deutschlands und die Westverschiebung der polnischen
Ostgrenze zugunsten der UdSSR, wofür Polen auf Kosten Deutschlands
entschädigt werden sollte. Um die russischen Truppen zu entlasten,
sollte im Westen eine zweite Front eröffnet werden. Dies geschah 1944
mit der **Landung der Alliierten in der Normandie,** die aufgrund der 6.6.
massiven materiellen Überlegenheit schnell zur Befreiung Frankreichs
und zum Vorstoß der Westalliierten auf das Reichsgebiet führte. Auch
im Osten überschritten russische Truppen bald die Reichsgrenze. 1945

Eine weitere **Konferenz** der Alliierten fand **in Jalta** (Krim) statt: Man 4.–11.2.
einigte sich über den Aufbau der zu gründenden Vereinten Nationen,
bestätigte die Westverschiebung Polens und gestand Frankreich als vier-
ter Besatzungsmacht eine eigene Besatzungszone in Deutschland zu.

Bald darauf kam es zum **Zusammentreffen amerikanischer und russi-** 25.4.
scher Truppen bei Torgau an der Elbe. Nachdem **Hitler** in der Reichs-
30.4. kanzlei in Berlin **Selbstmord** begangen hatte, folgte ihm Großadmiral
Karl Dönitz als Staatsoberhaupt. Die **bedingungslose Kapitulation der** 7./9.5.
Wehrmacht beendete dann den Krieg in Europa. Auf dem asiatischen
6./9.8. Kriegsschauplatz folgte nach dem **Abwurf amerikanischer Atombomben**
auf Hiroshima und Nagasaki, der **sowjetischen Kriegserklärung an** 8.8.
Japan und dem russischen Einmarsch in die japanisch besetzten Gebiete
in Korea und der Mandschurei die **bedingungslose Kapitulation Japans.** 2.9.

Die Bilanz des Zweiten Weltkrieges war furchtbar: Er forderte weltweit
etwa 55 Mill. Menschenleben, davon durch Flucht, Vertreibung, Depor-
tation, Besatzungsterror, Konzentrations- und Arbeitslager sowie Bom-
benkrieg 20–30 Mill. Zivilisten.

2.5 Der Widerstand in Deutschland

Der totalitäre Terror des NS-Regimes und der Angriffskrieg riefen auch in Deutschland Widerstand hervor. Der **aktive Widerstand** umfasste dabei Attentate, Sabotage, Verteilung von Flugblättern, Verstecken von Verfolgten usw. Als zweite, weiter verbreitete, weil ungefährlichere Form ist die sog. **Resistenz** zu nennen, eine teilweise Verweigerung der Ansprüche der totalitären Herrschaft im Alltag. Man widerstand den NS-Parolen, suchte der Diktatur im persönlichen Umfeld ein Stück Menschlichkeit abzutrotzen oder »meckerte«. Allerdings war dieses Handeln letztlich unpolitisch und hat das System kaum gefährdet. Zudem ist zur objektiven Einschätzung der Bedeutung des deutschen Widerstands auch zu bedenken, dass die Bevölkerungsmehrheit dem Regime entweder teilnahmslos gegenüberstand oder das Funktionieren der Diktatur und ihrer Verbrechen durch aktive und überzeugte Gefolgschaft bzw. Erfüllung der vermeintlich »unpolitischen Pflichten« in ihrem jeweiligen Tätigkeitsbereich gefördert hat.

Widerstandsgruppen und -milieus in Deutschland waren:

- **Widerstand im Arbeitermilieu,** vor allem durch kommunistische Gruppen. Diese wurden aber zunehmend von der Gestapo aufgedeckt und zerschlagen.
- **Kirchlicher Widerstand:** Bedeutend waren z.B. der Münsteraner Bischof Clemens August Graf Galen (Predigten gegen das NS-»Euthanasieprogramm«), Jesuitenpater Alfred Delp, Pastor Martin Niemöller **(Bekennende Kirche)** und der Theologe Dietrich Bonhoeffer.
- 1943 Die studentische Gruppe um Hans und Sophie Scholl sowie Professor Kurt Huber (»Weiße Rose«) in München, die mit Flugblattaktionen zum Widerstand aufrief. Ihre Mitglieder wurden verhaftet und hingerichtet.
- 1944 Erst mit der herannahenden Kriegsniederlage entstand auch **Widerstand in Teilen des Militärs,** v.a. aus dem wertkonservativen preußischen Milieu: Ein Widerstandskreis um Generaloberst Ludwig Beck und Oberst Claus Graf Schenk von Stauffenberg verübte ein **Attentat auf Hitler** (20.7.) in seinem Hauptquartier in Ostpreußen. Ziel war die Bildung einer neuen Regierung, die mit den Alliierten über einen Friedensschluss verhandeln sollte. Das Attentat

scheiterte jedoch, der in Berlin und Paris begonnene Staatsstreich brach in den Anfängen zusammen. Im Gefolge der Verschwörung wurden mehrere Tausend Personen verhaftet, etwa 200 am Attentat Beteiligte entweder sofort standrechtlich erschossen, zum Selbstmord gedrängt oder zum Tode verurteilt. Zwar war das Programm dieser Gruppe eher antidemokratisch sowie innen- und außenpolitisch ohne realistische Perspektive. Der Widerstand dieser Militärs blieb aber doch ein Gegenpol zur Diktatur.

2.6 Der nationalsozialistische Völkermord

Die Judenverfolgung vor Kriegsausbruch

Spontane Übergriffe von NSDAP- und SA-Angehörigen gegen die jüdische Bevölkerung begannen unmittelbar nach der Machtergreifung, 1933 die erste geplante Aktion war die Boykottierung jüdischer Geschäfte am sog. **Boykotttag.** Die zu Beginn der Machtergreifung erlassenen 1.4. **Gleichschaltungsgesetze** betrafen besonders auch die jüdische Bevölkerung: So verfügte z. B. das Gesetz zur Wiederherstellung des Berufsbeamtentums (s. o.) die Zwangspensionierung der jüdischen Beamten, weitere Gesetze bestimmten die Entlassung der im öffentlichen Dienst 1935 tätigen Juden.

Mit dem Erlass der sog. **Nürnberger Gesetze** verlor die jüdische Bevölke- 15.9. rung ihren Bürgerstatus: Das »Reichsbürgergesetz« degradierte sie zu »Staatsangehörigen«, denen im Unterschied zu den deutschen »Reichsbürgern« keine »vollen politischen Rechte« zustanden. Das »Gesetz zum Schutz des deutschen Blutes und der deutschen Ehre« verbot Eheschließungen zwischen Deutschen und Juden. In den folgenden Jahren wurden mehrere Ergänzungsgesetze zum »Reichsbürgergesetz« erlassen, die zusammen mit dem in allen beitrittspflichtigen nationalsozialistischen Berufsorganisationen verlangten Nachweis »arischer« Abstammung den Ausschluss der Juden aus der staatlichen Gemeinschaft sowie der Gesellschafts- und Berufswelt komplettierten. Der Rassegedanke HITLERS wurde damit in Gesetzesform gegossen, der Gedanke der Gleichheit vor dem Gesetz, der sich seit der Französischen Revolution durchgesetzt hatte, radikal aufgehoben.

Den **Höhepunkt der Verfolgung vor dem Krieg** bildete das Jahr 1938: 1938 Erneut wurde eine Fülle diskriminierender Gesetze erlassen: Jüdische

1938 Vermögen über 5000 Reichsmark mussten gemeldet und konnten requiriert werden, jüdische Gewerbebetriebe mussten besonders gekennzeichnet werden, die Juden mussten den zusätzlichen Vornamen »Sarah« bzw. »Israel« annehmen und ihre Ausweise wurden mit dem Kennzeichen J überstempelt (»Judenstempel«).

Das Attentat eines aus Deutschland emigrierten Juden auf den deutschen Gesandtschaftsrat in Paris nahmen die Nationalsozialisten zum Anlass, einen reichsweiten Massenpogrom zu inszenieren: In der sog.
9./10. 11. **»Reichskristallnacht«** wurden in ganz Deutschland Synagogen in Brand gesteckt, jüdische Friedhöfe geschändet, jüdische Wohnungen zerstört und rund 30000 Juden verhaftet. Als »Sühneleistung« wurde den deutschen Juden zudem die Zahlung von 1 Mrd. Reichsmark auferlegt. Ferner wurde u.a. auch noch die generelle »Zwangsarisierung« jüdischer Betriebe verfügt.

Die »Endlösung der Judenfrage«

Mit dem Krieg kam es zur weiteren Radikalisierung der Verfolgung, die nun auf die besetzten Gebiete ausgedehnt wurde. Unmittelbar nach der Eroberung Polens erfolgte zunächst die Ghettoisierung der polnischen Juden bzw. ihre Unterbringung in Arbeits- und Konzentrationslagern. Sicherheitspolizei und andere NS-Einsatzgruppen verhafteten und ermordeten zahlreiche Juden, es kam bereits zu größeren Massakern, auch mithilfe einheimischer Helfer. Für die im »Generalgouvernement« lebenden Juden wurde der »gelbe Stern« als stets zu tragendes Abzeichen eingeführt (später auch im Reichsgebiet und Westeuropa). Mit dem Einmarsch in die UdSSR ging auch hier die systematische Massentötung der jüdischen Bevölkerung im eroberten Gebiet einher, zunächst noch in Form von Massenerschießungen durch Sondereinsatzgruppen des SS-Sicherheitsdienstes (SD).

1941 Mit der **Beauftragung des SS-Obergruppenführers Reinhard Heydrich**
31.7. **zur »Endlösung der Judenfrage«** begann dann die »industrielle« Ermordung der europäischen Juden. Hierzu sollten aus dem gesamten deutschen Machtbereich in Europa die Juden nach Osten deportiert werden.
Ende 1941/ Anf. 1942 Im »Generalgouvernement« Polen wurden spezielle **»Vernichtungslager«** (Auschwitz, Majdanek, Treblinka, Sobibór, Chelmno) mit Gaskam-
1942 mern eingerichtet. Auf der sog. **Wannseekonferenz,** einer Konferenz 20. 1.

der an der »Endlösung« beteiligten Fachressorts, wurde das Programm der Vernichtung entworfen: Abtransport aller europäischen Juden nach Osten, dort Trennung nach Geschlechtern, Dezimierung durch Arbeitseinsatz bei unzureichender Ernährung und Ermordung des »Restbestandes«.

Durch die Erschießungsaktionen, Zwangsarbeit und die Tötung in den »Vernichtungslagern« kamen insgesamt ca. 5 Mill. Juden und rund 520 000 Sinti und Roma ums Leben. Zudem forderte das nationalsozialistische **»Euthanasieprogramm«,** die sog. Aktion T4, bei der vor allem zwischen Januar 1940 und August 1941 in verschiedenen Anstalten die massenhafte Tötung »unwerten Lebens« (v.a. geistig Behinderte) durchgeführt wurde, mindestens 70 000 Opfer.

In der Forschung wurde diskutiert, ob die Vernichtung der europäischen Juden ein einzigartiges Phänomen sei oder mit anderen Völkermorden vergleichbar ist (»Historikerstreit«). Insgesamt wird man feststellen müssen, dass bislang kein Staat Millionen von Menschen, darunter auch alle Alten, Frauen und Kinder, auf eine solche technisch-industrielle Weise ermordete, wie es das NS-Regime mit den Juden tat.

2.7 Der Nationalsozialismus in der Kontinuität und Diskontinuität deutscher Geschichte

Die Frage nach den Ursachen für die Entstehung der nationalsozialistischen Herrschaft sucht auch zu ergründen, ob der Nationalsozialismus durch spezifische Merkmale in der historischen Entwicklung Deutschlands begünstigt wurde, ob das Dritte Reich also in der Kontinuität der deutschen Geschichte oder außerhalb von ihr steht. Auch wenn man den Nationalsozialismus heute nicht mehr monokausal als Endpunkt einer von anderen Staaten abweichenden Verlaufslinie der deutschen Geschichte sehen wird, die bereits im 19. Jh. ihren Anfang nahm **(Theorie des deutschen »Sonderwegs«),** weist die Entwicklung Deutschlands doch einige Besonderheiten auf:

Die Durchsetzung der bürgerlichen Moderne erfolgte später als in Westeuropa, ebenso die Entstehung eines Nationalstaates; zudem vollzogen sich diese Entwicklungen in Deutschland im 19. Jh. nicht von »unten«, also durch Revolution, sondern von »oben«, durch den Staat und seine Reformmaßnahmen, sodass aus dem Bürgertum selbst keine demokratische Gesellschaft und politische Kultur hervorgehen konnte. All dies bereitete den Boden für eine politische Kultur, die die Entstehung des Nationalsozialismus begünstigte:

- Überbetonung des Staates und seiner Autorität,
- antidemokratisches und antiliberales Denken in großen Teilen der Gesellschaft,
- Betonung des »starken Mannes« (BISMARCK – HINDENBURG – HITLER),
- Hochschätzung der Militärs,
- Streben nach einer Großmacht- bzw. Hegemonialstellung Deutschlands in Europa bzw. aggressiver Nationalismus, entstanden aus dem vermeintlichen »Nachholbedarf« durch die verspätete Nationalstaatsgründung,
- aufgrund des kulturell-ethnischen Nationsbegriffs Anfälligkeit für »völkisches« Gedankengut und rassistische und antisemitische Feindbilder.

Andererseits zerbrach der Nationalsozialismus aber auch Kontinuitäten in der deutschen Geschichte:

- Dem kulturellen und sozialen Antisemitismus, der in der europäischen Geschichte eine lange Tradition hatte, stellte er die Radikalität seines biologischen Rassegedankens und seiner »industriellen« Vernichtungspläne gegenüber.
- Die Vorstellung von der Eroberung »neuen Lebensraumes« im Osten, letztlich von der deutschen Weltherrschaft, ging weit über frühere deutsche Großmachtpläne bzw. die von den Konservativen geforderte Revision von Versailles hinaus.
- Der NS-Staat war nicht nur autoritär, sondern eine totalitäre Diktatur. Er wollte den Einzelnen in allen Lebensbereichen erfassen und vereinnahmen.
- Der Nationalsozialismus war keine rein konservative Bewegung, sondern modernisierte manche Bereiche Deutschlands: Zu nennen ist z. B. die fortschreitende Auflösung der traditionellen Milieus (konfessionelle Milieus, Arbeitermilieu) und Familienstrukturen durch den Egalisierungsanspruch des totalitären Führerstaates.

2.8 Klausur mit Lösungen

Der ehemalige britische Premierminister Lloyd George (1916–1922) über Hitler in der britischen Tageszeitung Daily Express vom 17. September 1936:

»Ich bin eben von einem Besuch in Deutschland zurückgekehrt. Ich habe jetzt den berühmten deutschen Führer gesehen und auch etliches von dem großen Wechsel, den er herbeigeführt hat. Was immer man von seinen Methoden halten mag – es sind bestimmt nicht die eines parlamentarischen Landes –, es besteht kein Zweifel, daß er einen wunderbaren Wandel im Denken des Volkes herbeigeführt hat.

Zum erstenmal nach dem Krieg herrscht ein allgemeines Gefühl der Sicherheit. Die Menschen sind fröhlicher. Über das ganze Land verbreitet sich die Stimmung allgemeiner Freude. Es ist ein glücklicheres Deutschland. Überall habe ich das gesehen, und Engländer, die ich während meiner Reise traf und die Deutschland gut kannten, waren von dem Wandel tief beeindruckt.
Dieses Wunder hat ein Mann vollbracht. Er ist der geborene Menschenführer. Eine magnetische, dynamische Persönlichkeit mit einer ehrlichen Absicht, einem entschlossenen Willen und einem unerschrockenen Herzen. Er ist nicht nur dem Namen nach, sondern tatsächlich der nationale Führer. Er hat sie gegen potentielle Feinde, von denen sie umgeben waren, gesichert. Auch schützt er sie gegen die ständige Gefahr des Hungertodes, eine der schmerzhaften Erinnerungen aus den letzten Kriegs- und den ersten Friedensjahren. [...]

Die Tatsache, daß Hitler sein Land von der Furcht einer Wiederholung jener Zeit der Verzweiflung, der Armut und Demütigung erlöst hat, hat ihm im heutigen Deutschland unumstrittene Autorität verschafft. An seiner Popularität, vor allem unter der deutschen Jugend, besteht keinerlei Zweifel. Die Alten vertrauen ihm; die Jungen vergöttern ihn. Es ist nicht die Bewunderung, die einem Volksführer gezollt wird. Es ist die Verehrung eines Nationalhelden, der sein Land aus völliger Hoffnungslosigkeit und Erniedrigung gerettet hat. [...] Er ist gegen Kritik immun wie ein König in einem monarchistischen Staat. Er ist noch mehr. Er ist der George Washington Deutschlands, der Mann, der seinem Land die Unabhängigkeit von allen Bedrückern gewann.

Die Aufrichtung einer deutschen Hegemonie in Europa, Ziel und Traum des alten Militarismus vor dem Kriege, liegt nicht einmal am Horizont des Nationalsozialismus. Deutschlands Bereitschaft zu einer Invasion in Rußland ist nicht größer als die zu einer militärischen Expedition auf den Mond.«

(zitiert nach: Philipp W. Fabry, Mutmaßungen über Hitler. Urteile von Zeitgenossen. Königstein/Ts. 1979, S. 216 f.)

Aufgaben

a Aus welcher Perspektive verfasst Lloyd George diesen Bericht über seinen Deutschlandbesuch? Welche Beweggründe waren es, die die britische Außenpolitik im Jahr 1936 veranlassten, letztlich diese Einschätzung zu teilen?

b Wie beurteilt LLOYD GEORGE die innenpolitische Situation in Deutschland? Nehmen Sie zu seinem Urteil argumentativ Stellung.

c HITLER sprach mit LLOYD GEORGE anlässlich dessen Deutschlandbesuchs auch über seinen »Vierjahresplan« und wies dabei auf die Notwendigkeit hin, dass Deutschland Ersatzstoffe für bisher importierte Rohstoffe erzeugen müsse, um mit den dadurch gewonnenen Deviseneinsparungen Lebensmittel aus dem Ausland einzuführen, die zur Erhaltung und Steigerung des Lebensstandards in Deutschland nötig seien. Erläutern Sie, ausgehend vom Vierjahresplan, die nationalsozialistische Wirtschaftspolitik und beurteilen Sie vor dem Hintergrund dieser Wirtschaftspolitik den Wahrheitsgehalt von HITLERS Äußerungen gegenüber LLOYD GEORGE.

d Wie charakterisiert LLOYD GEORGE die außenpolitischen Ziele HITLERS und wie fügt sich sein Urteil hierüber in die damalige englische Außenpolitik gegenüber Deutschland ein? Stellen Sie der Beurteilung LLOYD GEORGES die tatsächliche außenpolitische Konzeption HITLERS knapp gegenüber und beurteilen Sie diese.

Lösungsvorschläge

Der ehemalige britische Premierminister vertritt hier eine deutschfreundliche, von großem Verständnis für HITLER geprägte Position, indem er HITLER das Herbeiführen eines »wunderbaren Wandels« in Deutschland bescheinigt: »Er ist der GEORGE WASHINGTON Deutschlands [...]«. Mit dieser überaus positiven Einschätzung HITLERS stand LLOYD GEORGE in der damaligen britischen Politik, die seit 1935, vor allem aber dann unter Premierminister CHAMBERLAIN (1937–1940) von großem Entgegenkommen gegenüber dem Dritten Reich gekennzeichnet war (sog. Appeasementpolitik, sichtbar z. B. beim Münchener Abkommen 1938), bei weitem nicht allein:

a Im Rahmen der von Großbritannien vertretenen Gleichgewichtspolitik war es geradezu wünschenswert, wenn Deutschland wieder als Machtfaktor auf die europäische politische Bühne zurückkehrte. Dass dies unter Bruch der Bestimmungen des Versailler Vertrags und anderer internationaler Verträge erfolgte (Einführung der Wehrpflicht 1935, Einmarsch in das entmilitarisierte Rheinland unter Bruch des Locarno-Vertrags 1936), war aus dieser Sicht zwar formal verurteilenswert, aber nichtsdestoweniger damit zu rechtfertigen, dass Deutschland damit seinen berechtigten Platz im System der europäischen Großmächte wieder einnehme. Von größerer Bedeutung für die in globalen Maßstäben agierende britische Seemacht war der Abschluss des deutsch-britischen Flottenabkommens (1935), das Deutschland erlaubte, seine Marinestreitkräfte auf 35% der Stärke der britischen Kriegsflotte aufzurüsten. Mit diesem Zugeständnis hoffte London, eine erneute deutsch-britische Flottenkonkurrenz wie vor dem Ersten Weltkrieg zu verhindern, als das Streben des Kaiserreichs, im Rahmen von TIRPITZ' Konzept der »Risikoflotte« die globale Dominanz der britischen See- und Kolonialmacht zu brechen, zum Wettrüsten und schließlich in den Krieg geführt hatte. Die Briten akzeptierten ferner HITLERS Strategie, die bisherigen multilateralen Sicherheitssysteme, die der Erhaltung des Friedens in Europa dienen sollten, durch bilaterale Verträge zu ersetzen (z. B. Austritt aus dem Völkerbund, Kündigung des Vertrags von Locarno), wobei man freilich nicht wahrnehmen wollte, dass HITLER dies tat, um größeren Freiraum für seine expansive Außenpolitik zu erhalten. Das hinter dieser positiven Einschätzung HITLERS stehende Konzept der »Appeasementpolitik« war damals auch in der britischen öffentlichen Meinung populär. Es darf jedoch nicht nur als ein Zeichen vermeintlicher britischer Schwäche und mangelnden Abwehrwillens der britischen Demokratie gegenüber NS-Deutschland interpretiert werden, sondern hatte durchaus auch handfeste machtpolitische Gründe (momentane Überbeanspruchung der britischen Kräfte, Zeitgewinn für das eigene Aufrüstungsprogramm).

Der ausländische Staatsgast meint, bei seinem Besuch ein »Gefühl der Sicherheit«, Liebe und Verehrung für den Führer, ein »glücklicheres Deutschland« erkennen zu können. Dies entsprach genau dem Deutschlandbild, das die NS-Propaganda dem Ausland vermitteln wollte. Sicherlich konnte das NS-Regime 1936 dem deutschen Volk gegenüber auf außenpolitische Erfolge, insbesondere bei der Revision des Versailler Vertrags, und – freilich durch massive Staatsverschuldung, Arbeitsbeschaffungsmaßnahmen und v. a. durch das Rüstungsprogramm erzeugte – Erfolge bei der Beseitigung der Wirtschaftskrise verweisen, die ihm die von LLOYD GEORGE beobachtete Sympathie in der deutschen Bevölkerung einbrachten. Die für die NS-Propaganda gegenüber dem Ausland und der eigenen Bevölkerung instrumentalisierten Olympischen Spiele in Berlin 1936 und überhaupt die von den Nationalsozialisten virtuos benutzten Propagandamöglichkeiten des »totalitären Staates« verstärkten diesen Eindruck noch.

b Dennoch bleibt es erstaunlich, dass ein erfahrener Staatsmann einer traditionsreichen parlamentarischen Demokratie wie LLOYD GEORGE diesem Propagandabild vollständig anheim fällt und sogar Verständnis dafür äußert, dass HITLERS Methoden »bestimmt nicht die eines parlamentarischen Landes« sind. Das von LLOYD GEORGE gepriesene »Gefühl der Sicherheit« konnte es – auch für das Ausland deutlich sichtbar – nach den Maßnahmen zur Errichtung der totalitären NS-Diktatur (beginnend bereits unmittelbar mit der »Verordnung zum Schutz von Volk und Staat« vom 28. 2. 1933 und dem Ermächtigungsgesetz vom 24. 3. 1933) für jeden auch nur ansatzweise oppositionell denkenden Deutschen bestimmt nicht mehr geben. (Vgl. zur Errichtung der nationalsozialistischen Diktatur im Einzelnen die Ausführungen im vorliegenden Kapitel.) LLOYD GEORGE verschließt zudem auch die Augen vor den für alle deutlich sichtbaren gesetzlichen Maßnahmen der Judenverfolgung, die zu diesem Zeitpunkt bereits in Deutschland in Kraft waren (vor allem seit den »Nürnberger Gesetzen« 1935, die der jüdischen Bevölkerung den Verlust der politischen Rechte und das Verbot der Eheschließung mit Nichtjuden gebracht hatten), sowie vor den Diskriminierungs-, Terror- und Boykottaktionen, denen die Juden in Deutschland seit der Machtergreifung in immer stärkerem Maße ausgesetzt waren.

c HITLERS Denkschrift über die Aufgaben eines Vierjahresplanes vom August 1936, der später auf dem Reichsparteitag in Nürnberg 1936 verkündet wurde, stellt eine Schlüsselquelle für das wirtschaftspolitische Konzept der Nationalsozialisten dar. In der Denkschrift fordert HITLER die »wirtschaftliche Mobilmachung« Deutschlands. Ohne Rücksicht auf eine wirtschaftliche Kostenkalkulation sei die Entwicklung und Produktion von Ersatzstoffen (z. B. für Kautschuk und

Benzin) in Angriff zu nehmen. Dass dies der Erhöhung des Versorgungsstandards im Lebensmittelbereich diene, war jedoch eine bewusste Lüge gegenüber LLOYD GEORGE, weil das Programm Deutschland vielmehr die völlige Selbstversorgung bei allen kriegswichtigen Gütern für den geplanten Angriffskrieg verleihen sollte. HITLERS Denkschrift fordert denn auch am Ende ganz offen, Armee und Wirtschaft in vier Jahren »kriegsfähig« zu machen. (Vgl. dazu auch S. 31 f.)

Dass ausländische Politiker 1936 zu der groben Fehleinschätzung kommen konnten, die Errichtung einer deutschen Hegemonie in Europa liege »nicht einmal am Horizont des Nationalsozialismus« und »Deutschlands Bereitschaft zu einer Invasion in Russland« sei »nicht größer als die zu einer militärischen Expedition auf den Mond«, hat viele Gründe:

Einmal sind die stetigen öffentlichen Friedensbeteuerungen HITLERS zu nennen, die oft gerade im Zusammenhang mit dem Bruch von internationalen Verträgen oder anderen spektakulären politischen Aktionen wie dem Austritt aus dem Völkerbund zur Beschwichtigung der Staatengemeinschaft erfolgten.

Hinzu kam, dass HITLER bis 1936 seine außenpolitischen Schritte als bloße »Revision von Versailles« rechtfertigte, nach dessen Vollzug Deutschland saturiert sei. Selbst der Anschluss Österreichs 1938 ließ sich nach außen hin noch mit dem Verweis auf das »Selbstbestimmungsrecht der Völker« bemänteln – ein Argument, das HITLER zum letzten Mal bei der Wiedererlangung des Sudetenlandes durch die Beschlüsse der »Münchner Konferenz« anwenden konnte.

In Fehleinschätzung der wahren Ziele der nationalsozialistischen Herrschaft setzte zudem vor allem Großbritannien auf einen vernünftigen Interessenausgleich, der auf der Basis der existierenden Strukturen des europäischen Staatensystems Deutschland durchaus wieder eine Erweiterung seiner machtpolitischen Rolle zubilligte, auch – wie gesagt – im Sinne des Konzepts der »balance of power«.

d — Diese Fehleinschätzung ging auch darauf zurück, dass man aufseiten der westeuropäischen, vor allem britischen Politiker, die ideologische Basis von HITLERS außenpolitischen Vorstellungen nicht ernst nahm bzw. gar nicht nachvollziehen konnte und wollte:

Für HITLER war deswegen die von Großbritannien zugestandene Großmachtstellung Deutschlands lediglich eine Vorstufe zur Erringung des »Lebensraumes im Osten« und des rassenideologisch begründeten Kampfs gegen die »slawischen Ostvölker« und das »Ostjudentum« – Vorstellungen, die insbesondere den Krieg gegen die Sowjetunion zwingend beinhalteten – sowie letztlich auch Vorstufe zum Konzept der globalen Hegemonie Deutschlands.

Eine historische Bewertung der außenpolitischen Konzeption HITLERS wird zudem festhalten müssen, dass sie die Bereitschaft beinhaltete, ohne Rücksicht auf jegliche ethische und moralische Normen anderen Völkern das Lebensrecht und die Menschenrechte zu nehmen (was sich z. B. in der deutschen Besatzungspolitik in der Sowjetunion und in den Maßnahmen der Judenvernichtung in den besetzten Ländern aufs Schrecklichste konkretisierte). Da sich das nationalsozialistische Deutschland damit selbst aus der Gemeinschaft zivilisierter Staaten ausschloss, war es konsequent, wenn die Alliierten entsprechend den Beschlüssen der Kriegs- und Nachkriegskonferenzen die bedingungslose Kapitulation Deutschlands forderten, das Land vollständig besetzten, aufteilten und dort die Regierungsgewalt übernahmen, womit Deutschland als Völkerrechtssubjekt zunächst faktisch zu existieren aufhörte.

Kapitel 3

Deutschland in West und Ost (1945–1969)

3.1 Deutschland nach Ende des Zweiten Weltkriegs

Noch während des Krieges hatten sich die Alliierten bei den Konferenzen in Teheran und Jalta (vgl. Kap. 2) darauf verständigt, dass das besiegte Deutschland in Besatzungszonen aufgeteilt und von den Siegermächten regiert werden sollte. Nach der **bedingungslosen Kapitulation** erklärten die Militärbefehlshaber der USA, der Sowjetunion, Großbritanniens und Frankreichs in der **Berliner Deklaration** demgemäß, dass sie die oberste Regierungsgewalt in Deutschland übernähmen.

1945

7./9. 5.

5. 6.

Auf der **Potsdamer Konferenz** konkretisierten die Regierungschefs der USA (TRUMAN), der UdSSR (STALIN) und Großbritanniens (zunächst CHURCHILL, nach seinem Wahlsieg in Großbritannien CLEMENT ATTLEE) die vereinbarten Regelungen bezüglich Deutschland.

17. 7.–2. 8.

- Man bestätigte die **Aufteilung Deutschlands in vier Besatzungszonen** und Berlins in vier Sektoren. Auch die bereits in Teheran und Jalta vereinbarte **Abtrennung der deutschen Gebiete östlich der Oder-Neiße-Linie** (Pommern, Schlesien, südliches Ostpreußen) und ihre Unterstellung unter polnische Verwaltung sowie die Abtretung des nördlichen Ostpreußen an die UdSSR wurden festgeschrieben. Die deutsche Bevölkerung aus diesen Gebieten sowie aus der Tschechoslowakei (Sudetenland) und Ungarn sollte nach Westen ausgesiedelt werden.
- Erneut wurde festgelegt, dass die höchste Regierungsgewalt in den einzelnen Besatzungszonen durch den Oberkommandierenden der jeweiligen Siegermacht und für Deutschland als Ganzes in einem **Alliierten Kontrollrat** ausgeübt werden solle. Dieser wurde kurz darauf in Berlin **eingerichtet.** 30. 8.
- Bis auf weiteres sollte **keine deutsche Zentralregierung** errichtet werden, sondern nur örtliche Verwaltungen unter Lenkung durch den Alliierten Kontrollrat.
- Zudem bestimmten die Alliierten die **Entmilitarisierung, Entnazifizierung und Demokratisierung Deutschlands.** Die Führer des Dritten Reichs sollten sich vor einem internationalen Militärtribunal für ihre Taten verantworten.

- Die **deutsche Wirtschaft** sollte **dezentralisiert und unter alliierte Kontrolle gestellt,** Deutschland jedoch als wirtschaftliche Einheit behandelt werden.
- **Reparationen und Industriedemontagen** sollten die Siegermächte aus ihrer jeweiligen Besatzungszone entnehmen. Nur die UdSSR sollte auch aus den Westzonen Leistungen erhalten. Die Forschung interpretiert diese Trennung in ein östliches und westliches Reparationsgebiet als Anfang der Teilung Deutschlands.

Mit den in Potsdam vereinbarten Regelungen war Deutschland als eigenständiges Völkerrechtssubjekt faktisch handlungsunfähig. Das Land war vollständig besetzt, aufgeteilt und hatte etwa ein Viertel des Staatsgebietes von 1937 verloren. Es war durch die Kampfhandlungen und alliierten Bombenangriffe in unvorstellbarem Ausmaße zerstört – die meisten Städte waren Trümmerhaufen, die Infrastruktur war zum größten Teil unbenutzbar. Zudem galt es, etwa 11 Mill. Flüchtlinge und Vertriebene aus den abgetrennten Ostgebieten unterzubringen und zu ernähren. Millionen deutscher Soldaten befanden sich in Kriegsgefangenschaft. Die Westmächte entließen ihre Gefangenen bis 1948, die letzten der 3 Mill. deutschen Kriegsgefangenen aus der Sowjetunion kehrten jedoch erst 1955 zurück.

1945/1946

Im Zuge der Entnazifizierung wurde nicht nur die nationalsozialistische Führung abgesetzt und inhaftiert. Ziel war die systematische Entfernung der Nationalsozialisten aus allen öffentlichen Ämtern und der Industrie. Ein **internationales Militärtribunal in Nürnberg** verurteilte die Hauptkriegsverbrecher aus der NS-Partei- und Staatsführung zum Tode oder zu Freiheitsstrafen.

Als Basis neuer, demokratischer Strukturen entstanden noch im Jahr 1945 mit Billigung der Siegermächte erneut Parteien in allen Besatzungszonen, so als Wiedergründungen die SPD und die KPD, und als Neugründungen CSU, CDU und FDP (in der sowjetischen Zone: LDPD). Zudem wurden bis 1947 in ganz Deutschland Länder und Länderregierungen neu gebildet.

3.2 Der Beginn der Teilung

Bald jedoch wirkte sich der beginnende Ost-West-Konflikt auf die Politik der Besatzungsmächte in Deutschland aus: STALINS Ziel war es, im westlichen Vorfeld der UdSSR einen Sicherheitsgürtel kommunistischer Satellitenstaaten auszubauen, zu dem auch die sowjetische Besatzungszone Deutschlands (SBZ) gehören sollte.

Die Sowjetunion hatte unmittelbar bei Kriegsende dafür gesorgt, dass Mitglieder der ehemaligen KPD, die während des Kriegs im Moskauer Exil politisch geschult worden waren (»Gruppe Ulbricht«), einflussreiche Stellungen in der neu aufzubauenden Verwaltung der SBZ erhielten. Die sowjetische Besatzungsmacht nahm ferner bereits 1945/46 wesentliche **wirtschaftliche und soziale Umgestaltungsmaßnahmen** 1945
vor, die das zukünftige sozialistische System in der DDR vorwegnahmen. Dazu gehörte eine **Bodenreform,** bei der der Grundbesitz über September
100 Hektar enteignet und an Neubauern verteilt wurde. Ebenfalls 1945 begann man, Industriebetriebe, Banken und Versicherungen zu enteignen und in Volkseigene Betriebe (VEB) umzuwandeln. Zudem drängten 1946
die Sowjets für ihre Zone auf die **Vereinigung von KPD und SPD zur** 21./22.4.
SED (Sozialistische Einheitspartei Deutschlands).

Die Errichtung sozialistischer Regime in Ostmitteleuropa und auf dem Balkan verfolgten die Westalliierten mit Besorgnis. Die USA gingen daher unter Präsident TRUMAN zu einer Politik der **Eindämmung des sowjetischen Einflusses** über, wobei auch die Besatzungszonen der Westalliierten in Deutschland in die Abwehrfront gegen die Expansion des sowjetischen Machtbereichs einbezogen werden sollten.

Aus diesem Grund kündigte US-Außenminister BYRNES einen **amerika-** 6.9.
nisch-britischen Kurswechsel in der Deutschlandpolitik an: Die amerikanische und britische Zone wurde zu einem einheitlichen Wirt- 1947
schaftsraum **(Bizone)** zusammengeschlossen, dem eigene deutsche Be- 1.1.
hörden (v.a. der sog. Frankfurter Wirtschaftsrat) beigegeben wurden.

In der sowjetischen Besatzungszone entstand analog dazu bald darauf als erste deutsche Zentralverwaltung durch Genehmigung der Sowjetischen Militäradministration Deutschlands (SMAD) die **Deutsche Wirt-** 14.6.
schaftskommission.

Ein weiterer Schritt zur Auseinanderentwicklung der westlichen und der sowjetischen Besatzungszonen ergab sich mit dem **Marshallplan.** 5.6.
Dieses ursprünglich für ganz Europa konzipierte amerikanische wirtschaftliche Hilfsprogramm sollte die europäischen Länder ökonomisch stabilisieren und so für den Kommunismus weniger anfällig machen.

1947 Da die im sowjetischen Einflussbereich liegenden osteuropäischen Staaten und die SBZ die Hilfe ablehnen mussten und diese deshalb nur Westeuropa und den westlichen Besatzungszonen Deutschlands zugute kam, vertiefte sich die Spaltung Deutschlands.

5.11.–15.12. Nachdem die **Londoner Außenministerkonferenz** mit einem offenen Bruch zwischen den Westmächten und der UdSSR geendet hatte, war die Teilung Deutschlands nicht mehr aufzuhalten: Die USA, Großbritannien, Frankreich und die Beneluxstaaten kamen ohne die UdSSR zu
1948 einer Konferenz zusammen, die über die künftige politische Gestalt Westdeutschlands beraten sollte: Diese
23.2.–6.3./20.4.–2.6. **Londoner Sechs-Mächte-Konferenz** beschloss den freien Güter- und Personenverkehr in den drei Westzonen, die Erarbeitung einer westdeutschen Verfassung, die Einbindung des neuen Staates in den Westen und die internationale Kontrolle
20.3. des Ruhrgebietes. Aus Protest hiergegen **verließ die UdSSR den Alliierten Kontrollrat,** der damit faktisch aufgelöst war.

Im Westen machte sich zunehmend die Überzeugung breit, dass eine wirtschaftliche Gesundung der westlichen Zonen Deutschlands nur durch eine Währungsumstellung erreicht werden konnte. Die Militärre-
20./21.6. gierungen in den Westzonen ersetzten daher in der **Währungsreform** die Reichsmark durch die Deutsche Mark. Löhne, Gehälter, Mieten und Renten wurden 1 : 1 umgestellt, Schulden auf ein Zehntel abgewertet und Sparguthaben fast völlig enteignet. Damit wurden Sachwertbesitzer bevorzugt. Die im Vorfeld der Reform aus spekulativen Gründen zurückgehaltenen Waren wurden nun mit einem Schlag in Umlauf gesetzt. Politisch bedeutsam war, dass dieser harte Schnitt nicht den zu gründenden Weststaat belastete, sondern von den Besatzungsmächten verantwortet wurde.

Verstärkt wurden die Aufschwungeffekte im Westen dadurch, dass der Frankfurter Wirtschaftsrat unter seinem Direktor LUDWIG ERHARD mehrheitlich auf ein liberales Wirtschaftsmodell setzte, das dem Staat nur die Aufgabe zuweist, den fairen Wettbewerb zu gewährleisten und soziale Härten abzufedern **(soziale Marktwirtschaft).** Trotz anfänglicher Preissteigerungen und eines Generalstreiks der Gewerkschaften lehnte der Wirtschaftsrat damit eine staatliche Wirtschaftslenkung ab, wie sie die SPD, Gewerkschaften und sogar der linke Flügel der CDU gefordert hatten.

Als Reaktion auf die Währungsreform führten die Sowjets eine eigene
23.6. **Währungsreform in der SBZ** mit gleichem Umtauschkurs, jedoch in

DM-Ost, durch und verhängten eine komplette Blockade der Zufahrtswege zu den Westsektoren Berlins **(Berlinblockade).** Eine von den westlichen Alliierten errichtete **Luftbrücke** sicherte aber das Überleben der Stadt und zwang STALIN schließlich zur **Aufhebung der Blockade.**

24.6
1949
12.5.

Ferner beschloss man nun in der SBZ die endgültige **Umgestaltung der SED zur kommunistischen Kaderorganisation** (»Partei neuen Typs«) nach dem Vorbild der KPdSU und säuberte die Partei von allen abweichenden Kommunisten und Sozialdemokraten.

3.3 Staatsgründung in West und Ost: Bundesrepublik und DDR

Der politische Gründungsprozess der Bundesrepublik begann damit, dass die drei westlichen Militärgouverneure den Ministerpräsidenten der Länder ihrer Besatzungszonen die von der Londoner Sechs-Mächte-Konferenz ausgesprochenen Empfehlungen zur Gründung eines Weststaates übergaben **(Frankfurter Dokumente).** Darin wurden die Ministerpräsidenten ersucht, eine **Verfassunggebende Versammlung** einzuberufen, die eine demokratische Verfassung für einen föderalistisch aufgebauten Weststaat ausarbeiten sollte. Wichtige Kontrollfunktionen wollten sich die Besatzungsmächte allerdings vorbehalten und kündigten dafür ein Besatzungsstatut an.

1948
1.7.

In ihrer Antwort **(Koblenzer Beschlüsse)** betonten die Ministerpräsidenten den provisorischen Charakter der geplanten Staatsgründung, da man befürchtete, durch sie könne die deutsche Teilung zementiert werden. Daher sollte der neue Weststaat keine Verfassung, sondern nur ein **Grundgesetz** haben, die Mitglieder der Verfassunggebenden Versammlung sollten nicht direkt vom Volk gewählt werden, sondern aus Delegierten der Landtage der westlichen Besatzungszonen bestehen und die Bezeichnung Parlamentarischer Rat tragen. Der **Konstituierung des Parlamentarischen Rates** in Bonn unter der Leitung des CDU-Vorsitzenden in der britischen Besatzungszone, KONRAD ADENAUER, folgte nach mehrmonatiger Beratung die **Verabschiedung des Grundgesetzes.** Nach Genehmigung durch die Militärgouverneure und der Zustimmung aller Länder mit Ausnahme Bayerns wurde das **Grundgesetz verkündet.** Damit war die Bundesrepublik Deutschland gegründet.

10.7.
1.9.
1949
8.5.
23.5.
in Kraft getreten: 24.5.

Aus den Schwächen der Weimarer Verfassung wurden wichtige Lehren gezogen: Das Grundgesetz sichert eine starke Regierung und vor allem

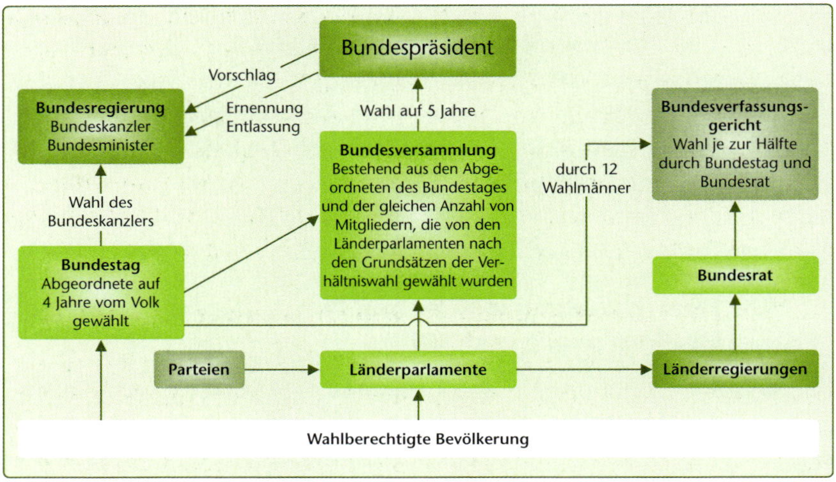

Der Staatsaufbau der Bundesrepublik Deutschland

1949 einen starken Bundeskanzler durch das **konstruktive Misstrauensvotum** (Kanzlersturz nur möglich, wenn der Bundestag mit Mehrheit einen neuen Kanzler wählt) sowie die **Richtlinienkompetenz des Bundeskanzlers,** der allein die Grundzüge der Politik festlegt. Die Kompetenzen des Bundespräsidenten wurden deutlich beschnitten. Das Recht, den Bundestag aufzulösen, existiert ebenfalls nicht mehr. Der **Grundrechtskatalog** ist teilweise unaufhebbar und ansonsten vor Veränderungen durch hohe Mehrheitshürden geschützt und seine Einhaltung unterliegt der Kontrolle durch das **Bundesverfassungsgericht.**

14.8. Bei der **Wahl zum ersten Deutschen Bundestag** wurde die CDU mit 31% stärkste Partei. Die SPD erhielt 29,2%, die FDP 11,9%, die KPD 5,7%, Bayernpartei (BP) 4,2%, Deutsche Partei (DP) 4%. Als Folge der Mehr-
15.9. heitsverhältnisse wurde **Konrad Adenauer** vom Bundestag **zum ersten Bundeskanzler der Bundesrepublik gewählt.** Er bildete eine Koalitionsregierung aus CDU/CSU, FDP und DP. Oppositionsführer wurde der
12.9. SPD-Vorsitzende Kurt Schumacher, zum **ersten Bundespräsidenten** wählte die Bundesversammlung den FDP-Vorsitzenden **Theodor Heuss.**

Als Reaktion darauf wurden in der SBZ von dem bereits über Einheitslisten (vorher festgelegte Verteilung der Parteien mit Dominanz der SED) gewählten 3. Deutschen Volkskongress die Weichen zu einer eigenen Staatsgründung gestellt. Der Volkskongress berief einen Deutschen Volksrat ein, der sich zur **provisorischen Volkskammer,** also zum Parlament, erklärte und die bereits vorher erarbeitete **Verfassung in Kraft setzte.** Die Volkskammer wählte OTTO GROTEWOHL zum Ministerpräsidenten sowie WILHELM PIECK zum Staatspräsidenten. Die SMAD benannte sich in **Sowjetische Kontrollkommission** um und übertrug der provisorischen Regierung der DDR ihre bisherigen Verwaltungsfunktionen. Damit war auch die Staatsgründung der DDR abgeschlossen. 7. 10.

3.4 Die Bundesrepublik bis zur Erringung der Souveränität

Die Bundesrepublik war natürlich nicht völlig souverän. Mit ihrer Gründung waren die Militärregierungen aufgelöst worden, die Westmächte waren aber durch Hohe Kommissare weiterhin vertreten und stellten durch ein **Besatzungsstatut,** in dem sie sich die oberste Gewalt vorbehielten, ihre Kontrolle sicher: Außenpolitik, Außenhandel, gesamtdeutsche Angelegenheiten und Reparationsfragen waren der Zuständigkeit der Bundesrepublik entzogen, auch Verfassungsänderungen bedurften der Genehmigung durch die Alliierten. Im Ruhrstatut war schon vorher die Ruhrindustrie internationaler Kontrolle unterstellt worden, vor allem, um französische Befürchtungen zu zerstreuen. 21. 9.

ADENAUERS Ziel war daher die **Wiederherstellung der vollständigen Souveränität Westdeutschlands.** Der Aufbau eines Vertrauensverhältnisses zwischen den westlichen Siegermächten und den Deutschen schien ADENAUER dabei besonders nötig. Die Wiedervereinigung Deutschlands glaubte er zudem nur durch eine Politik der wirtschaftlichen und militärischen Stärke des Westens erreichen zu können. Dabei baute er auch auf die »Magnetwirkung« einer wirtschaftlich erfolgreichen, in den demokratischen Westen eingebundenen Bundesrepublik.

1950

ADENAUER erkannte, dass für die Westintegration und die Erlangung der vollständigen Souveränität die **Aussöhnung mit Frankreich** unabdingbar war. Der französische Außenminister ROBERT SCHUMAN **hatte vorgeschlagen,** die deutsche und französische Kohle- und Stahlproduktion einer gemeinsamen übernationalen Aufsichtsbehörde zu unterstellen. Dies ermöglichte Deutschland den Aufbau einer eigenen Schwerindustrie bei gleichzeitiger Berücksichtigung der französischen Sicherheitsinteressen. Schließlich unterzeichneten Frankreich, Belgien, Luxemburg, Holland, Italien und Deutschland in Paris den Vertrag über die 9. 5.

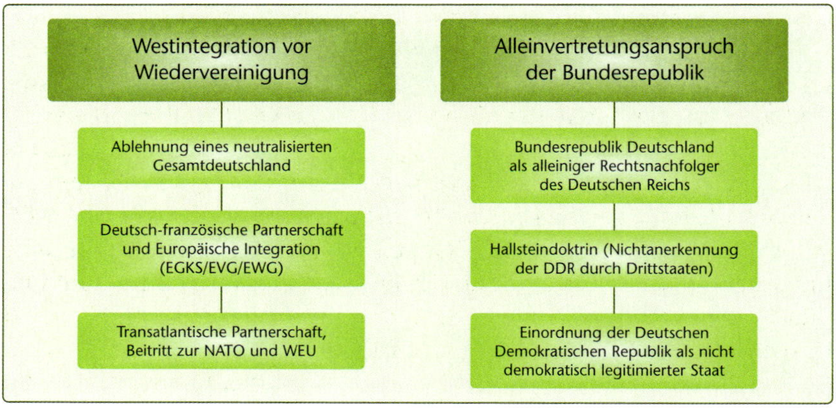

Grundpfeiler der Außen- und Deutschlandpolitik der Bundesrepublik unter der Regierung Adenauer

1951

18.4. – in Kraft: 25.7.1952: Gründung der **Europäischen Gemeinschaft für Kohle und Stahl (EGKS bzw. Montanunion).** Durch den Wegfall der Zölle, Mengen- und Einfuhrbeschränkungen für Kohle und Stahl entstand ein gemeinsamer Markt, der die **Keimzelle der europäischen Einigung** wurde.

1952

Die Verschärfung des Ost-West-Konflikts durch den Ausbruch des Koreakriegs hatte die Notwendigkeit deutlich gemacht, die Bundesrepublik in die westliche Verteidigungsbemühungen einzubeziehen und über eine **Wiederbewaffnung der BRD** nachzudenken. Auch die Regierung Adenauer äußerte den Wunsch, sich mit eigenen Streitkräften an der Verteidigung des Westens zu beteiligen. Der Plan des französischen Verteidigungsministers René Pleven, im Rahmen der NATO eine einheitliche europäische Armee aufzubauen, die auch deutsche Truppen einschließen sollte, führte schließlich zum (27.5.) **Vertrag über die Europäische Verteidigungsgemeinschaft (EVG)** zwischen Frankreich, Italien, der Bundesrepublik und den Benelux-Staaten. Zugleich wurde im (26.5.) **Deutschlandvertrag** die **Aufhebung des Besatzungsstatuts** und die **Auflösung der Alliierten Hohen Kommission vorgesehen.**

10.3. – 1. Stalinnote: Versuche **Stalins,** durch das **Angebot eines neutralen Gesamtdeutschlands** die Westintegration der Bundesrepublik zu verhindern, scheiterten an den vielen Fragen (z.B. Art der Wahl), die das Angebot offen ließ, aber auch an der klaren Westorientierung Adenauers und dem Wunsch der Westmächte, die eigene Einflusszone zu bewahren.

1954

Der **EVG-Vertrag** wurde jedoch **von der französischen Nationalver-**
sammlung abgelehnt, weshalb eine neue Form der Einbindung der 30.8.
Bundesrepublik in das westliche Bündnis gefunden werden musste.
Dies geschah durch die Aufnahme der BRD in die NATO und die West-
europäische Union, die in den **Pariser Verträgen** vereinbart wurde. Ein 23.10.
deutsch-französisches Abkommen regelte den Status des Saargebiets,
das nach Kriegsende unter französisches Protektorat gestellt und wirt-
schaftlich an Frankreich angeschlossen worden war (dann: Autonomie 1955
unter Kontrolle der WEU). Nach der Ratifizierung durch Bundesrat und
Bundestag traten die **Pariser Verträge** und **der Deutschlandvertrag** 5.5.
in einer für Deutschland günstigeren Form **in Kraft** und die **Bundes-**
republik proklamierte ihre volle Souveränität. Ein Mitspracherecht der
Alliierten existierte nur noch in gesamtdeutschen Angelegenheiten und
Berlinfragen.

Die BRD baute demnach als gleichberechtigtes NATO-Mitglied die Bundeswehr auf, verzichtete aber auf den Besitz von ABC-Waffen. Zugleich schwor die Bundesrepublik jeder gewaltsamen Änderung ihrer Grenzen und einer gewaltsamen Vereinigung beider deutscher Staaten ab.

Nachdem sich in einer **Volksabstimmung** 67,7 % der Saarländer **gegen** 23.10.
das Saarstatut und damit für eine Rückkehr zu Deutschland ausgespro-
chen hatten, erklärte sich Frankreich mit der **Wiedereingliederung des** 1957
1.1. **Saarlands in das Bundesgebiet** einverstanden.

ADENAUERS Politik der Westintegration und Wiederbewaffnung war innenpolitisch heftig umstritten. Vor allem von der SPD-Opposition unter KURT SCHUMACHER und dann unter ERICH OLLENHAUER wurde darauf hingewiesen, dass beides die Spaltung Deutschlands vertiefe.

Zur Stabilität der Bundesrepublik und den Erfolgen der Regierung ADENAUER bei den Bundestagswahlen in den 50er- und frühen 60er-Jahren trug auch der wirtschaftliche Aufschwung dieser Zeit **(»Wirtschaftswunder«)** bei, dessen Architekt Wirtschaftsminister LUDWIG ERHARD (1949–63) war: Schon 1953 erreichte der Lebensstandard in Westdeutschland wieder das Vorkriegsniveau, 1956 war Vollbeschäftigung erreicht. Der Wirtschaftsboom führte zur Entstehung einer Konsumgesellschaft, in der Gebrauchsgüter wie Fernsehgerät, Waschmaschine, Kühlschrank und Auto, aber auch der Urlaub im Ausland zunehmend für alle Bevölkerungsschichten erschwinglich wurden.

3.5 Die DDR bis Mitte der 1950er-Jahre

1950 Die DDR hingegen stand von Anfang an vor gravierenden Problemen:

- Große wirtschaftliche Belastungen durch die hohen Reparationsentnahmen der UdSSR und die strukturellen Mängel des sozialistischen Planwirtschaftssystems.
- Eine mangelhafte demokratische Legitimation: Erst ein Jahr nach der Staatsgründung wurden die **ersten Volkskammerwahlen** (15. 10.) abgehalten. Diese und alle folgenden Wahlen fanden nach der Einheitsliste statt und erbrachten daher Ergebnisse von über 99% für die von der SED dominierte »Nationale Front«, die alle Parteien und Massenorganisationen umfasste.
- Ein hohes Maß an Unfreiheit und politischer Unterdrückung durch die von der SED kontrollierten Staatsorgane.
- Diese Faktoren führten dazu, dass von 1949 bis zum Bau der Berliner Mauer 1961 ca. 2,7 Mill. DDR-Bürger in den Westen flohen.

Zunehmend wurde das stalinistische System der UdSSR auf die DDR übertragen: Der 3. Parteitag der SED beschloss nach sowjetischem Vorbild (24. 7.) mit dem **ersten Fünfjahresplan** den **Übergang zur Planwirtschaft.** Generalsekretär der SED und damit mächtigster Mann im Staat wurde WALTER ULBRICHT.

1952 Mit der **Verkündung des »Aufbaus des Sozialismus« in der DDR** durch (12. 7.) ULBRICHT begann die **Kollektivierung der Landwirtschaft** durch die Einrichtung der staatlichen Landwirtschaftlichen Produktionsgenossenschaften (LPG), in welche die mittelständischen und kleinen Bauern ihren Grundbesitz einbringen mussten. Zudem wurde nach der Industrie auch mit der **Enteignung der Handwerker und des gewerblichen Mittelstandes** begonnen. Wie in der UdSSR setzte man auf den forcierten Ausbau der Schwerindustrie und vernachlässigte die Konsumgüterindustrie, was zu schweren Versorgungsengpässen führte.

Die SED brachte ihren totalitären Machtanspruch auch durch den Aufbau eines umfassenden politischen Polizei- und Geheimdienstsystems (Ministerium für Staatssicherheit) zum Tragen. Durch die (23. 7.) **Abschaffung der ostdeutschen Länder** und ihre Ersetzung durch Bezirke wurde das Prinzip des **demokratischen Zentralismus** auch im Staatsaufbau durchgesetzt.

1953

Der **Tod Stalins** führte wie im gesamten Ostblock, auch in der DDR zu Verunsicherung. Als das Zentralkomitee der SED die Arbeitsnormen erhöhte, kam es zu einem Streik von Bauarbeitern in der Ostberliner Stalinallee, der sich zu einem **Volksaufstand in der DDR** ausweitete. Es wurden auch Forderungen nach dem Rücktritt der Regierung, freien Wahlen und der Vereinigung beider deutscher Staaten laut. Als Reaktion verhängte der sowjetische Militärbefehlshaber in der DDR den Ausnahmezustand und setzte sowjetische Truppen zur blutigen Niederschlagung des Aufstandes ein. Der fehlgeschlagene Aufstand wurde für die weitere Entwicklung in Ost- und Westdeutschland prägend: 5.3. 17.6.

- Die DDR-Bevölkerung erkannte, dass sie auf lange Zeit Teil des sowjetischen Machtbereichs bleiben würde: Erstens zeigte sich, dass die Herrschaft der SED durch die Sowjetunion abgesichert wurde. Zweitens musste man erkennen, dass entsprechend der Achtung der gegenseitigen Einflusssphären Hilfe vom Westen nicht zu erwarten war, weil die Bewahrung des Friedens im atomaren Zeitalter höheren Stellenwert hatte als die Konfrontation mit dem Blockgegner.
- Für die Bundesrepublik wirkte der Aufstand im Sinne einer zusätzlichen Legitimation, weil die DDR ihr Wesen als diktatorisches Regime offen gezeigt hatte.

1955

Analog zu der Einbindung Westdeutschlands in die NATO wurde die **DDR Gründungsmitglied des Warschauer Paktes** und baute mit der Nationalen Volksarmee eigene Streitkräfte auf. Im **Moskauer Vertrag** bestätigte die UdSSR die **Souveränität der DDR,** das Amt des sowjetischen Hochkommissars wurde aufgehoben. Allerdings fielen auch weiterhin alle wichtigen Entscheidungen in der DDR nur in Absprache mit den Sowjets. 14.5. 20.9.

Insgesamt gesehen hatten damit Ende 1955 Ost und West ihre Einflusssphären in Deutschland abgesteckt und ihrem Teil Deutschlands das jeweilige gesellschaftliche und politische System gegeben.

3.6 Verfestigung der Spaltung Deutschlands

Die Anerkennung der DDR durch Drittstaaten wollte die Bundesregierung gemäß ihrem **Alleinvertretungsanspruch** auf jeden Fall verhin-

1955 dern. Die **Hallstein-Doktrin** legte daher fest, dass Bonn die diplomatische Anerkennung der DDR durch andere Staaten als unfreundlichen Akt betrachte und darauf mit dem Abbruch der eigenen Beziehungen zu diesen Staaten reagieren werde. Damit gelang es zwar, die Anerkennung der DDR durch die Nichtostblockstaaten größtenteils zu verhindern, Bonn machte sich aber auch selbst zum Gefangenen dieser Politik, weil man konsequenterweise zu den anderen Ostblockländern keine Beziehungen aufnehmen durfte.

Eine Ausnahme machte man bei der Siegermacht Sowjetunion: Beim Staatsbesuch ADENAUERS in Moskau, bei dem auch die Freilassung der noch in sowjetischer Haft befindlichen deutschen Kriegsgefangenen
13.9. erreicht wurde, vereinbarte man die **Aufnahme diplomatischer Beziehungen mit der UdSSR.**

1957 Außenpolitisch wiesen die **Römischen Verträge** in die Zukunft: Die
25.3. damit vereinbarte **Gründung der Europäischen Wirtschaftsgemeinschaft (EWG)** und der europäischen Atomgemeinschaft (EURATOM) durch die Montanunion-Staaten bildete den Startschuss für den europäischen Einigungsprozess.

1958 Die Konfrontation zwischen Ost und West wurde durch eine neuerliche
10./27.11. **Berlinkrise** erheblich verschärft: Der sowjetische Staats- und Parteichef CHRUSCHTSCHOW gab bekannt, dass die UdSSR den Viermächtestatus von Berlin aufkündigen wollten, und forderte schließlich ultimativ den Abzug der Westmächte aus der Stadt sowie die Bildung einer »Freien Stadt West-Berlin«, andernfalls werde er die Kontrolle der Zufahrtswege nach Westberlin der DDR übergeben. Schließlich machte jedoch 1961 der Westen unter Führung des amerikanischen Präsidenten JOHN F. KENNEDY seine Entschlossenheit deutlich, seine Rechte bezüglich Berlin mit allen Mitteln zu verteidigen. Diese Rechte waren:

- Anwesenheit der Westmächte und ihrer Truppen in West-Berlin,
- deren freier Zugang nach West-Berlin durch die DDR,
- Sicherheit, Freiheit und Selbstbestimmung der Bewohner West-Berlins.

Die Haltung des Westens zeigte, dass man zwar gewillt war, West-Berlin zu verteidigen, zugleich aber den sowjetischen Einflussbereich in der DDR und in Ost-Berlin tolerierte. Und obgleich die Sowjetunion und die DDR in den folgenden Jahren den Viermächtestatus Berlins verbal weiterhin infrage stellten, achteten sie nun im Rahmen der Politik der »friedlichen Koexistenz« unter CHRUSCHTSCHOW darauf, dass die genannten westlichen »essentials« nicht verletzt wurden.

1961

13. 8.

Dies zeigte auch der **Bau der Berliner Mauer:** Um die anhaltende Massenflucht in den Westen zu unterbinden, riegelte die DDR in Absprache mit Moskau überraschend den Ostsektor der Stadt und das DDR-Gebiet von West-Berlin ab, indem sie befestigte Sperranlagen errichtete, die später – ebenso wie die innerdeutsche Grenze – mit einer regelrechten Mauer, Minenfeldern und Selbstschussanlagen ausgebaut wurden. Zudem wurden die DDR-Grenzsoldaten ermächtigt, die Schusswaffe gegen Grenzflüchtlinge einzusetzen (Schießbefehl). Die USA und die anderen Westmächte betonten als Reaktion auf den Mauerbau zwar die Freiheit West-Berlins, unternahmen aber keine Gegenmaßnahmen, da die Mauer auf dem Gebiet der DDR bzw. Ost-Berlins errichtet worden war und somit eine »innere Angelegenheit« der DDR war.

Die Folgen des Mauerbaus waren:

- Da die Flucht in den Westen nun unmöglich war, mussten sich die Bürger der DDR mit ihrem Staat arrangieren. Im Systemwettstreit mit der Bundesrepublik war der Mauerbau freilich das Eingeständnis der Niederlage, da es nicht gelang, die Menschen auf freiwilliger Basis im Osten zu halten.
- Die Deutschlandpolitik der Bundesregierung, die weiterhin auf den Alleinvertretungsanspruch pochte, erwies sich als zunehmend irreal: Vor dem Hintergrund der beginnenden Entspannungspolitik zwischen den Supermächten war die Teilung Deutschlands eine in Ost und West akzeptierte Tatsache.

1963

22. 1.

In den letzten Jahren seiner Kanzlerschaft trieb ADENAUER vor allem die deutsch-französische Partnerschaft voran: Im **deutsch-französischen Vertrag,** den er mit dem damaligen französischen Staatspräsidenten CHARLES DE GAULLE unterzeichnete, wurden regelmäßige halbjährliche Konsultationen der Staats- und Regierungschefs sowie eine enge politische Zusammenarbeit vereinbart.

Weil auch innerparteilich die Kritik an der politischen Leistungsfähigkeit des bereits 87-Jährigen immer lauter wurde, kam es schließlich

1963

15./16. 10. zum **Rücktritt Adenauers,** der **von Wirtschaftsminister Erhard als Bundeskanzler abgelöst** wurde. Eine Mitte der 60er-Jahre einsetzende Konjunkturschwäche und Differenzen in der Koalition führten jedoch schließlich zur **Aufkündigung der Regierungskoalition durch die FDP** und zum **Rücktritt Erhards.**

1966

30. 11.

3.7 Die Bundesrepublik im Wandel: die Große Koalition

Damit setzte ein grundlegender Umschwung im bis dahin von der CDU/CSU dominierten System der Bundesrepublik ein: Zunächst kam es zur Bildung einer **Großen Koalition von CDU/CSU und SPD** und damit erstmals zur Regierungsbeteiligung der SPD auf Bundesebene: Der Bundestag wählte den baden-württembergischen Ministerpräsidenten **Kurt Georg Kiesinger (CDU)** zum **Bundeskanzler.**

1. 12.

1968

Innenpolitisch heftig umstritten war in dieser Zeit die **Verabschiedung der Notstandsgesetze,** die es der Bundesregierung im Falle des inneren Notstands bzw. im Katastrophen- oder Verteidigungsfall erlaubten, bestimmte Grundgesetzartikel außer Kraft zu setzen. 30. 5.

Die Befürchtung, dass damit antidemokratisches Verhalten in die politische Kultur der Bundesrepublik zurückkehren könnte, und der sich verstärkende Protest gegen den von den USA geführte Vietnamkrieg (s.S. 84) führten zu einer vor allem von Studenten getragenen, linken Protestbewegung **(Außerparlamentarische Opposition, APO),** die sich nicht nur gegen das kapitalistische Wirtschaftssystem und das »Establishment« richtete, sondern auch Missstände wie die autoritären Strukturen an den deutschen Universitäten angriff und neue, freiere Lebensformen propagierte. Zwar war die direkte politische Wirkung der 68er-Bewegung begrenzt, zumal Splittergruppen nach dem Scheitern der APO in den Terrorismus abglitten (sog. Baader-Meinhof-Gruppe, RAF). Langfristig jedoch führten diese Ereignisse zur **Liberalisierung des politischen, gesellschaftlichen und kulturellen Klimas** in der Bundesrepublik, das bis dahin trotz des neuen demokratischen Staates oft noch durch die konservative Mentalität der Vorkriegszeit geprägt war.

3.8 Klausur mit Lösungen

Der Staatsratsvorsitzende der DDR und SED-Parteichef Walter Ulbricht äußert sich in einer Fernseh- und Rundfunkansprache am 18. August 1961 zum Bau der Berliner Mauer:

»Die Arbeiter und mit ihnen alle ehrlichen Werktätigen der Deutschen Demokratischen Republik atmen erleichtert auf. Das Treiben der Westberliner und Bonner Menschenhändler und Revanchepolitiker hatten alle satt. Mit wachsendem Zorn hatten sie zugesehen, wie sie von dem militaristischen Gesindel für dumm gehalten und bestohlen wurden. Unsere Geduld wurde von den Bonner Militaristen für Schwäche angesehen. [...]

Kriegsminister STRAUSS beschleunigte die atomare Ausrüstung der unter dem Befehl von Hitlergeneralen stehenden Bonner NATO-Armee. Er erklärte in frechem Übermut, der Zweite Weltkrieg sei noch nicht beendet. Er knüpfte direkt an die abenteuerlichen Pläne HITLERS und HIMMLERS an. [...]

Um diese Gefahren für den Frieden unseres Volkes und auch der anderen Völker zu beseitigen, haben wir uns rechtzeitig mit unseren Freunden verständigt und uns darauf geeinigt, die gefährliche Situation zu bereinigen. Die Maßnahmen unserer Regierung haben dazu beigetragen, den in diesem Frühherbst 1961 durch die westdeutschen Militaristen und Revanchepolitiker bedrohten Frieden in Europa und der Welt zu retten. Mögen auch die Bürger Westdeutschlands und Westberlins begreifen, dass es sehr wohl möglich ist, dass ihnen durch unsere Maßnahmen das Leben gerettet wurde.

In der militaristischen westdeutschen Presse und nicht zuletzt in den Zeitungen, die dem Herrn BRANDT und seiner Mannschaft zur Verfügung stehen, wurde 1961 versucht, die Deutsche Demokratische Republik zu diffamieren, ihre Bürger zu verwirren, bei Leuten mit schwachem Standvermögen Panik auszulösen und den Boden für die Aggression zu bereiten.

Für jeden, der Augen hat zu sehen und Ohren zu hören, wurde es offenkundig, dass Westberlin in der Tat ein äußerst gefährlicher Kriegsbrandherd ist, der zu einem zweiten Sarajewo werden kann. Immer mehr Menschen in Deutschland wie auch in anderen Ländern kamen zu der Einsicht, dass es nicht mehr genügt, allgemein über den Frieden zu reden. Es musste vielmehr dafür gesorgt werden, dass der Brand, der in Westberlin angeblasen worden war und der auf die Häuser der Nachbarn überspringen sollte, rechtzeitig unter Kontrolle kam.«

(zitiert nach: Deutsche Geschichte in Quellen und Darstellungen, Bd. 10: Besatzungszeit, Bundesrepublik und DDR 1945–1969, Stuttgart 1998, S. 415 ff.)

Aufgaben

a Zeigen Sie, wie ULBRICHT in seiner Rede den Bau der Berliner Mauer begründet.

b Setzen Sie sich mit ULBRICHTS Aussagen und Wertungen auseinander.

c Der Mauerbau gilt als ein Höhepunkt des Kalten Krieges. Kennzeichnen Sie das Ost-West-Verhältnis von den 50er-Jahren bis 1962.

Lösungsvorschläge

a ULBRICHT begründet den Bau der Mauer als notwendigen Schutz der DDR gegen die angeblichen aggressiven Aktionen der Bonner und Westberliner »Menschenhändler und Revanchepolitiker«, die in faschistischer Manier an »die abenteuerlichen Pläne HITLERS und HIMMLERS« anknüpften. Westberlin sei darüber hinaus ein »gefährlicher Kriegsbrandherd« inmitten des Gebiets der DDR. Der Bau der Mauer habe daher »Gefahren für den Frieden unseres Volkes und auch der anderen Völker« beseitigt. In der Gedankenführung ULBRICHTS und der Regierung der DDR ist die Mauer deshalb nicht eine Maßnahme zur Verhinderung der bis zu diesem Zeitpunkte stattfindenden Massenflucht aus der DDR, sondern »ein Friedenswall«, der den »bedrohten Frieden in Europa und der Welt« rette.

b ULBRICHTS Ansprache ist eine politische Rede, die die DDR-Bevölkerung von der Notwendigkeit des Mauerbaus überzeugen sollte. Entsprechend dem Grundcharakter politischer Reden wird das eigene Handeln nur positiv gesehen, während der politische Gegner, hier Westdeutschland, rein negativ dargestellt und mit negativen Begriffen versehen wird (»Westberliner und Bonner Menschenhändler und Revanchepolitiker«; »westdeutsche Militaristen«).

Faktisch ist die Argumentation ULBRICHTS freilich höchst unglaubwürdig: Der von ihm behaupteten Zustimmung der ostdeutschen »Werktätigen« zur DDR und zur SED-Führung steht die gerade in den Jahren vor dem Mauerbau extrem zunehmende Fluchtwelle aus der DDR gegenüber. Diese ergab sich aus der politischen Unterdrückung durch das SED-Regime, der in dieser Zeit verstärkt vorgenommenen Enteignung und Verstaatlichung auch von Handwerks- und Handelsbetrieben, den Maßnahmen zur Zwangskollektivierung in der Landwirtschaft (LPGs) sowie den durch die Mängel der sozialistischen Planwirtschaft erzeugten Versorgungsengpässen.
Die Darstellung der Bundesrepublik als militaristischer Staat, der in der Nachfolge HITLERS aggressive Pläne verfolge, soll einerseits die Bonner Republik als undemokratisches Staatswesen anprangern, das immer noch in der Kontinuität des Dritten Reichs stehe, andererseits die DDR als das »bessere«, antifaschistische und friedliebende Deutschland hochstilisieren, das durch die Errichtung einer sozialistischen Volksdemokratie mit dem Nationalsozialismus endgültig gebrochen habe. Der Revanchismusvorwurf ist jedoch durch die tatsächliche Politik des Westens nicht zu belegen: In der Realität hatte der Westen und damit auch die Bundesrepublik z. B. auf die von der UdSSR und der DDR ausgelöste Berlinkrise 1958/1961 – auch, um eine direkte Konfrontation der Supermächte mit unkalkulierbaren Konsequenzen zu verhindern – überaus defensiv reagiert. Auch die Einbindung der Bundesrepublik in den Westen, die mit der Abgabe von Souveränität verbunden gewesen war (z. B. in der EGKS, aber auch in der NATO), machte jede kriegerische Aktion der Bundesrepublik unmöglich. Darüber hinaus hatte sich Bonn in den Pariser Verträgen 1955 verpflichtet, auf jede gewaltsame Grenzveränderung bzw. Lösung der deutschen Frage zu verzichten.

Der Hinweis ULBRICHTS, »Menschenhändlerbanden« versuchten, die DDR zu destabilisieren, entbehrt der Realität. Vielmehr stellte die Massenflucht in den Westen, auf die damit angespielt wird, eine freiwillige »Abstimmung mit den Füßen« durch die DDR-Bevölkerung dar, weil ihr die Bundesrepublik als das attraktivere System erschien und daher gerade auf jüngere und gut ausgebildete DDR-Bürger eine große Anziehungskraft ausübte.

Die 50er-Jahre standen im Zeichen des Kalten Kriegs zwischen West und Ost: 1947 hatten die USA beschlossen, Gegenmaßnahmen gegen die Expansion der sowjetischen Einflusssphäre zu ergreifen (Trumandoktrin, Marshallplan), während andererseits in der UdSSR ebenfalls die Theorie vertreten wurde, dass sich mit den kapitalistischen und den sozialistischen Staaten zwei unversöhnliche Lager gegenüberstünden.

Der Koreakrieg 1950–53 führte im Westen zu Überlegungen, auch die Bundesrepublik an den Verteidigungsanstrengungen gegen den Ostblock teilhaben zu lassen und ihr daher die Wiederbewaffnung zuzugestehen. STALINS Versuche, als Antwort auf diese Entwicklung die Einbindung der Bundesrepublik in den Westen durch das Angebot eines wiedervereinigten, aber neutralen Deutschland zu verhindern (sog. Stalinnote, 1952), scheiterten jedoch an der Ablehnung durch die Regierung ADENAUER. Diese gab der Westintegration der Bundesrepublik Priorität vor der Vereinigung Deutschlands, die man nur über die feste Verankerung in den Westen zu erreichen glaubte. Maßgeblich verantwortlich für diese Position und den starken Antikommunismus, der damals in der Bundesrepublik herrschte, war die Erfahrung der zunehmenden Festigung der SED-Diktatur in der DDR. Dieser Antikommunismus wurde später durch die gewaltsame Unterdrückung von Aufstandsbewegungen im Ostblock durch die UdSSR (1953 in der DDR, 1956 in Polen und v. a. Ungarn) verstärkt.

c

Trotz der Entstalinisierung im Inneren und der nun verfolgten sowjetischen Strategie der »friedlichen Koexistenz« der beiden Systeme ging die UdSSR Ende der 50er-Jahre unter CHRUSCHTSCHOW zu einer aggressiveren Außenpolitik über: Zwar wollte man die Eskalation des Ost-West-Konflikts zu einem Nuklearkrieg, in dem es keine Gewinner gegeben hätte, verhindern. Unterhalb dieser Schwelle glaubte man sich aber hinsichtlich des Einflusses auf die Dritte Welt und im ökonomischen Wettstreit der Systeme dem Westen überlegen, was technische Durchbrüche wie der Start des ersten künstlichen Erdsatelliten (Sputnik) zu untermauern schienen. Konkrete Auswirkungen dieser konfrontationsbereiteren Haltung der UdSSR war die Berlinkrise 1958/61, also eben auch der Mauerbau. Die USA unter dem damaligen Präsidenten KENNEDY machten jedoch deutlich, dass sie ihre Rechte bezüglich Berlin und die Freiheit West-Berlins verteidigen würden. Da der Mauerbau jedoch keines der alliierten Rechte bezüglich Berlin verletzte, führte er auch nicht zu einer direkten Konfrontation, weil auch die USA die sowjetische Einflusssphäre respektierten. Anders war es bei der Kubakrise 1962, die die Welt an den Rand des Atomkriegs führte, da die USA die Stationierung sowjetischer Raketen auf Kuba keinesfalls hinzunehmen bereit waren. Die Erfahrung, dass man hier kurz vor einer nuklearen Katastrophe gestanden hatte, führte zu ersten ernst gemeinten Entspannungsbemühungen zwischen Ost und West. (Diese Frage bezieht sich z. T. auf Inhalte von Kapitel 5.)

Deutschland von der neuen Ostpolitik bis zur Einheit (1969–1990)

4.1 Kurswechsel im Westen: Sozialliberale Koalition und neue Ostpolitik

1969

Die Große Koalition in der Bundesrepublik hatte sich als Fehlschlag
28.9. erwiesen. Die folgende **Bundestagswahl** (CDU/CSU: 46,1%, SPD: 42,7%, FDP: 5,8%) führte daher zu einer **SPD-FDP-Koalition;** mit **Willy Brandt**
21.10. stellte die SPD nun erstmals den **Bundeskanzler.**

BRANDT leitete einen grundlegenden **Kurswechsel in der Deutschland- und Ostpolitik** der Bundesrepublik ein, der die Verbesserung der deutsch-deutschen Beziehungen und die Normalisierung des Verhältnisses zu den übrigen Ostblockstaaten zum Ziel hatte.

- Eingebettet war die neue Ostpolitik in die gleichzeitig stattfindende internationale Entspannungspolitik. Dabei ging der Westen davon aus, durch Kooperation mit dem Ostblock dort einen Umschwung in eine freiheitlichere Richtung anstoßen zu können (»Wandel durch Annäherung«).
- Zur Verbesserung des Verhältnisses zur DDR war es zunächst einmal notwendig, Ost-Berlin überhaupt als Verhandlungspartner anzuerkennen. Dies machte den bisherigen Alleinvertretungsanspruch der Bundesrepublik hinfällig.

1970

Der erste Schritt in BRANDTS Ostpolitik war die Unterzeichnung eines Vertrags über die Normalisierung der Beziehungen zwischen der Bun-
12.8. desrepublik und der **UdSSR (Moskauer Vertrag),** denn Moskau kam bei der neuen Ostpolitik eine Schlüsselrolle zu. Die Bundesrepublik erkannte darin alle in Europa bestehenden Grenzen als unverletzlich an, einschließlich der Westgrenze Polens und der innerdeutschen Grenze. Beide Staaten erklärten einen gegenseitigen Gewaltverzicht. Im Ergebnis verzichtete die Bundesrepublik, vorbehaltlich einer friedensvertraglichen Regelung, auf die östlich der Oder-Neiße-Linie gelegenen, früher deutschen Gebiete und akzeptierte damit die von der Sowjetunion nach dem Zweiten Weltkrieg in Osteuropa geschaffene Situation. Als Gegenleistung gab die UdSSR ihr Einverständnis zum Abschluss weiterer Verträge Bonns mit den Ostblockstaaten einschließlich der DDR und war zu einer vertraglichen Lösung des Berlinproblems bereit.

Nach dem Vorbild des Moskauer Vertrags schloss die Bundesrepublik entsprechende Verträge mit **Polen** (Warschauer Vertrag) und mit der Tschechoslowakei (11.12.1973) ab. Der Kniefall WILLY BRANDTS vor dem Mahnmal im ehemaligen Warschauer Ghetto bei Abschluss des deutsch-polnischen Vertrags machte seinen Wunsch nach Aussöhnung symbolisch deutlich. 7.12. 1971

Im Viermächteabkommen über Berlin wurde eine grundlegende **Regelung der Berlinfrage** erreicht: In dem zwischen den vier Siegermächten des Zweiten Weltkriegs geschlossenen Abkommen garantierte die UdSSR den ungehinderten Transitverkehr zwischen West-Berlin und der Bundesrepublik und gestand auch zu, dass Westberliner wieder nach Ost-Berlin und in die DDR gelangen konnten. Die Westmächte erklärten, dass die Bindungen zwischen West-Berlin und der BRD aufrechterhalten und weiterentwickelt würden, allerdings sei West-Berlin nicht Teil der Bundesrepublik. Die beiden deutschen Staaten wurden beauftragt, die verkehrstechnischen und organisatorischen Detailregelungen auszuarbeiten. 3.9.

Diese Abkommen und ein in eigener Verantwortung ausgehandeltes deutsch-deutsches Verkehrsabkommen ermöglichten den Westberlinern und Westdeutschen den **ungehinderten Transitverkehr von und nach West-Berlin** sowie Reisen in die DDR und nach Ost-Berlin. Bis zur Vereinigung beider deutscher Staaten bildeten diese Verträge mit dem Grundlagenvertrag die Basis für die Lebensfähigkeit West-Berlins und die Kontakte zwischen der ost- und der westdeutschen Bevölkerung. 1972

Innenpolitisch war die Ost- und Deutschlandpolitik BRANDTS nicht unumstritten. Die CDU/CSU-Opposition brachte deshalb im Bundestag ein konstruktives Misstrauensvotum gegen Brandt ein, das aber keine Mehrheit fand. BRANDT blieb als Kanzler im Amt. 27.4.

Im Grundlagenvertrag wurde dann eine grundsätzliche **Regelung des Verhältnisses zwischen der Bundesrepublik und der DDR** erreicht: Beide deutsche Staaten erkannten die gegenseitige Unverletzlichkeit ihrer Grenzen und die Beschränkung der Hoheitsgewalt auf das jeweilige Staatsgebiet an, vereinbarten den Austausch »ständiger Vertreter«, die Intensivierung des innerdeutschen Handels sowie einen Antrag beider Staaten auf die UNO-Mitgliedschaft. Der Vertrag bedeutete faktisch, dass die Bundesrepublik die DDR als gleichberechtigten Staat akzeptierte und damit ihren Alleinvertretungsanspruch aufgab. Im Gegenzug war die DDR bereit, geregelte Beziehungen zur Bundesrepu- 21.12.

blik zu entwickeln und in den folgenden Jahren eine Reihe von Kooperationsabkommen z.B. für Wirtschaft, Post, Verkehr, Kultur, Sport zu schließen. Dass man den Austausch von »ständigen Vertretern« und nicht von Botschaftern vereinbarte, machte aber auch deutlich, dass die DDR für Bonn weiterhin kein Ausland war. Die Bundesregierung ging davon aus, dass es zwar zwei deutsche Staaten gebe, aber aufgrund der gemeinsamen Sprache, Geschichte und Kultur nur eine deutsche Nation. Folgen des Grundlagenvertrags waren:

- Die DDR erhielt nun die lang ersehnte internationale Anerkennung auch durch westliche Staaten und hohe D-Mark-Zahlungen aus der Bundesrepublik, etwa zur Finanzierung der Transitstrecken. Sie musste andererseits vermehrt Reisen westdeutscher Besucher oder westlicher Journalisten in ihr Staatsgebiet in Kauf nehmen, was die hermetische Abschottung des Systems und das Medien- und Propagandamonopol der SED infrage stellte.
- Die Bundesrepublik war nun in der Lage, eine aktive Ostpolitik zu betreiben. Ferner stellte die deutsche Frage nun kein Hindernis mehr für die internationale Entspannungspolitik dar. Durch den jetzt möglichen Ausbau der privaten menschlichen Kontakte blieb die Verbindung zwischen Ost- und Westdeutschen auch über die politische Teilung hinweg erhalten.

4.2 Geregeltes Miteinander der beiden deutschen Staaten

1974

Die Bundesrepublik bis zum Ende der sozial-liberalen Koalition

6.5. In der Bundesrepublik kam es zum **Rücktritt von Bundeskanzler Brandt,** nachdem bekannt geworden war, dass einer seiner Mitarbeiter DDR-Agent war (Guillaume-Affäre). Die sozial-liberale Koalition blieb aber
16.5. bestehen, **Helmut Schmidt (SPD)** wurde vom Bundestag zum **Bundeskanzler** gewählt. Zentrale innenpolitische Themen seiner Regierungszeit waren die konjunkturelle Wiederbelebung nach der durch die Energiekrise 1973 ausgelösten Wirtschaftsflaute sowie die Bekämpfung des Linksterrorismus der RAF, der das Land besonders 1977 durch politische Morde und Entführungen vor schwere Belastungsproben stellte.

Außenpolitisch wurde zunächst die Entspannungspolitik fortgesetzt. Die Ende der 70er-Jahre eintretende Abkühlung des Ost-West-Klimas wirkte sich dann aber auch auf die Bundesrepublik aus und führte zu

1979

dem von SCHMIDT mit angestoßenen **NATO-Doppelbeschluss** zur Nachrüstung mit nuklearen Mittelstreckenraketen in Europa, verbunden mit einem Verhandlungsangebot an die Sowjetunion über Abrüstung, gegen den sich eine heftige innenpolitische Opposition entwickelte. 12. 12.

Trotz des Grundlagenvertrags waren die deutsch-deutschen Beziehungen schwierig geblieben: Zwar hatte sich die Zahl der Reisen aus der Bundesrepublik und West-Berlin in die DDR sprunghaft erhöht. Bonn subventionierte auch die marode DDR-Wirtschaft durch die Übernahme von Bürgschaften für mehrere Milliardenkredite, und Besuche in der DDR waren nur durch Zahlung eines bestimmten Devisenbetrags (sog. Zwangsumtausch) möglich. An den innerdeutschen Grenzen und in Berlin kam es aber regelmäßig zu Zwischenfällen, bei denen DDR-Flüchtlinge von den ostdeutschen Grenztruppen getötet wurden.

Die DDR in der Ära Honecker

1971

In der DDR stand seit dem **Rücktritt Ulbrichts Erich Honecker an der Spitze von Staat und Partei.** Doch auch die neue Führung hielt am starren Planwirtschaftssystem fest: Die Wirtschaftslage wurde daher seit Mitte der 70er-Jahre immer schwieriger, es kam zu schwerwiegenden Versorgungsmängeln im Konsumgüter-, Lebensmittel- und Wohnungsbereich. Zudem wurde auch unter HONECKER der innenpolitische Druck des Regimes weiter aufrechterhalten, was sich in der Inhaftierung bzw. Ausweisung kritischer Oppositioneller äußerte. 3. 5.

1975

Unter Berufung auf die Garantie grundlegender Menschenrechte in der auch von Ost-Berlin unterzeichneten **Helsinki-Schlussakte** forderten Oppositionsgruppen in der DDR dennoch zunehmend politische Rechte ein und wiesen auf Missstände wie die katastrophalen Umweltschäden in der DDR hin. Friedensgruppen plädierten zudem auch in Ostdeutschland in wachsendem Maße für Abrüstung in West und Ost. 1. 8.

Die christlich-liberale Koalition in der Bundesrepublik

1982

Die sich erneut verschlechternde Wirtschaftslage in der Bundesrepublik führte schließlich zum **Bruch der sozialliberalen Koalition** und zum 17. 9. 1. 10. **Sturz Schmidts** durch ein konstruktives Misstrauensvotum. Die stattdessen vereinbarte **CDU/CSU-FDP-Koalition** wählte den **CDU-Vorsitzenden Helmut Kohl** zum **Bundeskanzler** und wurde durch die fol- 1. 10.

genden Bundestagswahlen bestätigt. KOHL versuchte, die Wirtschaftskrise durch eine angebotsorientierte Wirtschaftspolitik zu beseitigen, innenpolitisch strebte er eine Wende zu christlich-konservativen Werten an. Außenpolitisch suchte KOHL eine enge Partnerschaft mit den USA bei gleichzeitiger Förderung des europäischen Einigungsprozesses
1987 und der deutsch-französischen Freundschaft zu erreichen. Deutschlandpolitisch ergaben sich zunächst keine Änderungen (weitere
Sept. Milliardenkredite an die DDR, **Staatsbesuch Honeckers in der Bundesrepublik**).

4.3 Das Ende der Teilung

Friedliche Revolution in der DDR und Zusammenbruch der SED-Diktatur

Das erneute Tauwetter zwischen West und Ost seit dem Amtsantritt Generalsekretär GORBATSCHOWS in der UdSSR sollte dann aber auch in die Deutschlandfrage Bewegung bringen und durch den Zusammenbruch der DDR zur deutsch-deutschen Vereinigung führen.
Die **Gründe für den Zusammenbruch der DDR** waren vielfältig:

1988/1989 Im Zuge der sowjetischen Reformpolitik erhielten die Ostblockstaaten in Abkehr von der bis dahin gültigen Breschnew-Doktrin die Zustimmung Moskaus, ihre inneren Verhältnisse frei zu gestalten, was zum **Sturz der kommunistischen Regime in Osteuropa** führte.

Diese Entwicklung war für die DDR-Führung ein Alarmzeichen: Denn mit dem Fall der kommunistischen Regime stand auch die Existenz der DDR infrage. Deswegen distanzierte sich die SED-Führung nun zunehmend vom Reformkurs GORBATSCHOWS, wobei sie paradoxerweise ihre bisherige ideologische Grundlage, die unbedingte Gefolgschaft zur UdSSR, zu zerstören begann, während sich umgekehrt die Oppositionsgruppen auf das sowjetische Vorbild berufen konnten.

1989 Als mit dem **Abbau der Grenzbefestigungen zwischen Ungarn und**
2.5. **Österreich** eine erste Bresche in den »Eisernen Vorhang« geschlagen war, betraf dies die DDR direkt, weil ihre Bürger, die ja nach Ungarn reisen durften, von dort nahezu ungehindert nach Österreich fliehen
11.9. konnten. Schließlich **öffnete Ungarn seine Grenze auch offiziell für DDR-Bürger,** was eine massive Fluchtwelle auslöste. Daneben versuchten DDR-Bürger über Polen und die Tschechoslowakei zu fliehen, in-

dem sie sich massenweise Zutritt zu den dortigen westdeutschen Botschaften verschafften und damit ihre Ausreise erzwangen.

Neben der Massenflucht trat in der DDR selbst auch der Widerspruch immer offener zutage: Zu ersten Konfrontationen mit der Staatsführung kam es, als Oppositionsgruppen Protest gegen die massiven **Wahlfälschungen bei den DDR-Kommunalwahlen** einlegten. 7.5.

Die Erfahrung des Umbruchs in den anderen Ostblockstaaten und die Beobachtung, dass **Gorbatschow** bei seinem **Staatsbesuch in der DDR** 6./7.10. den harten Kurs der DDR-Führung nicht mehr stützte, führten zum **Anwachsen der DDR-Opposition zu einer Massenbewegung.** Entscheidend war hier die **Montagsdemonstration in Leipzig** am 9. Oktober, 9.10. bei der ca. 70000 Menschen unter der Parole »Wir sind das Volk« gewaltfrei für eine Veränderung der Verhältnisse demonstrierten.

Die SED reagierte mit zaghaften Veränderungen, die in der **Entmachtung Honeckers als Staats- und Parteichef und seiner Ablösung durch** 18.10. **Egon Krenz** ihren Ausdruck fanden. Dies konnte die Situation aber nicht mehr beruhigen: Die Proteste griffen nun auch auf andere Orte über: So kam es zu einer **Massenkundgebung in Ost-Berlin,** wo rund 4.11. 1 Mill. Menschen für freie Wahlen, Presse-, Meinungs- und Versammlungsfreiheit demonstrierten. Schließlich erfolgte der **Rücktritt der DDR-Regierung** unter Willi Stoph und die **Auswechslung des gesamten Politbüros.** 7./8.11. Der Vertreter des Reformflügels im neuen Politbüro, **Hans Modrow,** wurde **neuer Ministerpräsident.** 13.11.

Entscheidend für den Zusammenbruch der DDR war aber die **Öffnung der Grenze zur Bundesrepublik bzw. der Berliner Mauer:** Die von der 9.11. DDR-Führung davon erhoffte Stabilisierung der Lage, weil den DDR-Bürgern nun die lang ersehnte Reise in den Westen offiziell möglich war, trat jedoch nicht ein. Vielmehr verlagerten sich die Wünsche immer mehr von der Veränderung der inneren Verhältnisse in der DDR auf die Wiederherstellung der Einheit mit dem Westen.

Die DDR und die Bundesrepublik auf dem Weg zur Einheit

Für die Bundesrepublik kam – trotz aller formalen Beteuerungen der deutschen Einheit – die Entwicklung in der DDR letztlich auch überraschend. Bundeskanzler Kohl nutzte jedoch die Gunst der Stunde und legte ein **Zehn-Punkte-Programm** vor, in dem er vorschlug, konfödera- 28.11.

1989 tive Strukturen zwischen der Bundesrepublik und der DDR zu entwickeln. Letztes Ziel bleibe jedoch die Wiedergewinnung der staatlichen Einheit Deutschlands. Dabei sollte der Einigungsprozess stets in die europäischen Sicherheitsstrukturen eingebettet sein und unter Abstimmung mit den europäischen Nachbarn sowie der UdSSR und den USA erfolgen. Als Voraussetzung forderte KOHL aber den unumkehrbaren Wandel der DDR, also den Verzicht der SED auf das Machtmonopol, demokratische Wahlen und marktwirtschaftliche Strukturen.

Der Zehn-Punkte-Plan KOHLS brachte die deutsche Frage auf die Tagesordnung der internationalen Politik und stellte der DDR-Bevölkerung die Wiedervereinigung Deutschlands als Ziel vor Augen. In der UdSSR stieß der Plan zunächst auf scharfe Ablehnung und auch in den westlichen Hauptstädten war die Reaktion anfangs zurückhaltend: Man betonte zwar das Selbstbestimmungsrecht der Deutschen, erklärte aber zugleich, dass die deutsche Wiedervereinigung derzeit kein aktuelles Thema sei.

In der DDR ging der **Machtzerfall der SED** unterdessen weiter: Die **Volks-**
1. 12. **kammer strich den Führungsanspruch der SED aus der Verfassung,** unter dem Druck der Parteibasis kam es zum **erneuten Rücktritt des**
3. 12. **Politbüros mit Egon Krenz** an der Spitze **sowie des gesamten ZK der SED.** Mitglieder der früheren Führung, so auch HONECKER, wurden aus der SED ausgeschlossen und zum Teil verhaftet. In Ost-Berlin traf sich
7. 12. erstmals der **»Runde Tisch«,** ein Gremium aus Vertretern der fünf früheren Blockparteien und der Oppositionsgruppen, was den Machtzerfall besonders deutlich werden ließ.

1990 In Ostdeutschland entstand jetzt zudem eine **pluralistische Parteienlandschaft,** die sich jedoch schnell an das westdeutsche Parteienspektrum anpassen sollte. Wie am »Runden Tisch« vereinbart, wurden **freie**
18. 3. **Wahlen zur Volkskammer** abgehalten. Die CDU als Hauptpartner des für die schnelle Einführung der Marktwirtschaft und der Wiedervereinigung plädierenden Wahlbündnisses »Allianz für Deutschland« (CDU, DSU [Deutsche Soziale Union], Demokratischer Aufbruch) errang 40,8 % der Stimmen. Insgesamt kam die »Allianz« auf 48,0 %.

Die SPD hingegen, die Bedenken gegen eine zu schnelle Vereinigung geäußert hatte, kam überraschend nur auf 21,9 %, die PDS erhielt 16,4 %. Die im »Bündnis '90« zusammengeschlossenen Bürgerbewegungen, welche die Wende überhaupt erst angestoßen und anfangs die Hauptlast der Opposition gegen den SED-Staat getragen hatten, kamen nur auf 2,9 %. Damit war klar, dass die DDR-Bürger für den schnellen Anschluss an den Westen optiert hatten.

Aufgrund des Wahlergebnisses wurde **Lothar de Maizière (CDU) Ministerpräsident** einer großen Koalition aus »Allianz für Deutschland«, SPD und den liberalen Parteien. Er erklärte, Ziel seiner Regierung sei, die Einigung Deutschlands so schnell wie möglich zu erreichen und die rechtlichen Voraussetzungen für die Einführung der Marktwirtschaft herzustellen. Dazu verabschiedete die Volkskammer das **Treuhandgesetz,** das die staatliche Treuhandanstalt einrichtete, deren Aufgabe die **Privatisierung der ostdeutschen Wirtschaft** sein sollte. 12.4.

Mit Inkrafttreten des **Staatsvertrags zur Wirtschafts-, Währungs- und Sozialunion** (vgl. S. 72) zwischen der Bundesrepublik und der DDR wurde das Wirtschafts-, Währungs- und Sozialsystem der Bundesrepublik auf die DDR übertragen und die D-Mark als Währung in der DDR eingeführt (Löhne, Gehälter, Renten und kleinere Sparguthaben mit Kurs 1:1, größere Sparguthaben, Lebensversicherungen und Kredite 2:1). 1.7.

Die Volkskammer beschloss nun auch die Wiederherstellung der Länder (Mecklenburg-Vorpommern, Brandenburg, Sachsen-Anhalt, Sachsen und Thüringen) auf dem Gebiet der DDR. Bei den nun beginnenden Verhandlungen zum Einigungsvertrag zielte die Regierung DE MAIZIÈRE gemäß dem Wählerauftrag auf den **Beitritt der ostdeutschen Länder zur Bundesrepublik nach Art. 23 des Grundgesetzes,** was bedeutete, dass die Bundesrepublik ihre eigene Ordnung nicht ändern musste. Die Alternative wäre der Zusammenschluss nach Artikel 146 gewesen, der die Möglichkeit eröffnet hätte, dass das ganze deutsche Volk in freier Entscheidung eine neue Verfassung beschlossen hätte.

Demgemäß vereinbarte man dann bei der **Unterzeichnung des Einigungsvertrags** in Ost-Berlin mit wenigen Ausnahmen die Übernahme des rechtlichen und politischen Systems der Bundesrepublik auf das Gebiet der ostdeutschen Länder. Mit der **Ratifizierung des Einigungsvertrags durch Bundestag und Volkskammer** und dem **Vollzug des Beitritts der DDR zum Geltungsbereich des Grundgesetzes** war die deutsche Einheit wiederhergestellt. 31.8. 20.9. 3.10.

1990 *Staatsvertrag zur Wirtschafts-, Währungs- und Sozialunion vom 1. Juli 1990*

2. 12. Die **erste gesamtdeutsche Bundestagswahl** bestätigte die getroffene Entscheidung: Die Koalition aus CDU/CSU und FDP erhielt eine deutliche Mehrheit (über 54 %), Bundeskanzler KOHL blieb als erster gesamtdeutscher Kanzler im Amt.

Die außenpolitische Dimension der deutschen Einheit

Die Vereinigung Deutschlands war außenpolitisch nicht ohne Probleme: Zum einen hatten die früheren Siegermächte des Zweiten Weltkriegs noch aus ihrer Viermächteverantwortung Mitspracherechte in gesamtdeutschen Fragen. Es zeigte sich, dass insbesondere die Sowjetunion und Großbritannien, zum Teil aber auch Frankreich einer deutschen Einigung zunächst ablehnend gegenüberstanden. Die UdSSR befürchtete zudem die Ausdehnung der NATO nach Osten, sollte Gesamtdeutschland in das westliche Bündnis integriert werden. Einzig die USA unter Präsident GEORGE BUSH (1989–93) unterstützten die deutsche Einheit vorbehaltlos, erwarteten aber eben, dass das vereinigte Deutschland Mitglied der NATO sein werde. 1990

Der Schlüssel für die deutsch-deutsche Vereinigung lag vor allem in Moskau, und auch nun war es wieder GORBATSCHOW, der den Weg dafür frei machte, indem er in Abkehr von den früheren Vorbehalten eine prinzipielle **Anerkennung des Rechts der Deutschen auf Wiedervereinigung durch die UdSSR** aussprach, jedoch damals noch auf die Problematik der Bündniszugehörigkeit des vereinigten Deutschland hinwies. Im selben Monat wurde vereinbart, die internationalen Fragen des Einigungsprozesses durch ein Abkommen zwischen beiden deutschen Staaten und den vier Siegermächten des Zweiten Weltkriegs (sog. Zwei-plus-vier-Verhandlungen) zu regeln. 10. 2.

Dass die UdSSR schließlich auch den Verbleib Gesamtdeutschlands in der NATO akzeptierte, ging auch auf eine Fülle von vertrauensbildenden Maßnahmen der USA gegenüber der Sowjetunion zurück: weitere Verhandlungen über Rüstungskontrolle und Abrüstung sowie der Aufbau neuer Sicherheitsstrukturen in Europa (z. B. Fortführung des KSZE-Prozesses). Diese Zusagen beförderten wesentlich den historischen Durchbruch bei den Gesprächen KOHLS mit GORBATSCHOW in Moskau und im Kaukasus, wo die **Zustimmung der UdSSR zur Eingliederung des vereinten Deutschland in die NATO** erreicht werden konnte. 15./16. 7.

Nach mehreren Verhandlungsrunden unterzeichneten in Moskau beide deutsche Staaten und die Siegermächte des Zweiten Weltkriegs den **Zwei-plus-vier-Vertrag**. Außenpolitische Zusicherungen Deutschlands erleichterten die internationale Zustimmung zur Wiedervereinigung (vgl. S. 74). Der Vertrag beendete die Rechte der Alliierten bezüglich gesamtdeutscher Fragen und schuf die **formale Voraussetzung zur staatlichen Vereinigung.** 12. 9.

4.4 Probleme des vereinten Deutschland

Nach der deutsch-deutschen Vereinigung ergaben sich zahlreiche Probleme, die bis heute nicht vollständig gelöst sind:

- **Zusammenbruch der DDR-Wirtschaft,** deren Betriebe aufgrund ihrer geringen Produktivität und Veralterung dem freien Wettbewerb nicht gewachsen waren. Durch die Verteuerung der ostdeut-

schen Waren auf dem osteuropäischen Markt wegen der Währungsunion fielen zudem die alten Absatzmärkte der ehemaligen DDR fast völlig weg.

- Durch den Zusammenbruch der ostdeutschen Wirtschaft entstand in den neuen Bundesländern eine dramatisch **hohe Arbeitslosigkeit,** die bei den Verlierern des Umstrukturierungsprozesses Ressentiments gegen die »Übernahme« durch den »Westen« schürte, Sympathien für Altkommunisten und DDR-Nostalgie stärkte und v.a. **Rechtsradikalismus und Fremdenfeindlichkeit** erhöhte.
- **Mentalitätsprobleme:** Die ehemaligen DDR-Bürger, die einen Staat mit extremer Gängelung, aber auch umfassende soziale Sicherheit, allerdings auf bescheidenem Niveau, gewohnt waren, mussten sich auf die Risiken der marktwirtschaftlichen Ordnung mit ihrer persönlichen Unsicherheit und Verantwortungsübernahme umstellen. Die unterschiedlichen Lebenserfahrungen in Ost und West führten zu ei-

ner »**Mauer in den Köpfen**«, und zwar sowohl im Osten wie im Westen, wo ebenfalls große Vorurteile gegenüber dem Osten herrschten.

- Zahlreiche Bürger der DDR hatten für den Staatssicherheitsdienst Spitzeldienste geleistet. Die **Aufarbeitung der Stasi-Vergangenheit** riss tiefe Wunden in der ostdeutschen Gesellschaft auf.

4.5 Klausur mit Lösungen

Aus der Erklärung von Bundeskanzler Willy Brandt am 8. Mai 1970 zum 25. Jahrestag des Kriegsendes:

»Für jeden der damals Lebenden war das Jahr 1945 ein tiefer Einschnitt. Es war auch ein tiefer Einschnitt in der Geschichte unseres Volkes. Die europäische Landkarte wurde entscheidend verändert. [...] Die markanteste der Besatzungslinien jener Zeit bestimmt noch heute die Grenzlinie, die Deutschland teilt. Im aktuellen politischen Geschehen haben wir uns immer noch mit der politischen Wirklichkeit auseinander zu setzen, die durch die Niederlage des HITLER-Reiches entstanden ist. [...]

Seitdem ist schon der Begriff des Vaterlandes vielen jüngeren Menschen fremd geworden. Aber gleich, ob wir von Vaterland, von Heimat oder von Nation sprechen:

Das Bewusstsein, dass es Deutschland gibt und dass die Deutschen sich als ein Volk verstehen, dieses Bewusstsein ist nicht erloschen. [...]

Die Teilung der Welt in zwei große Machtblöcke hat aber zugleich Europa gespalten, unser Land und seine alte Hauptstadt in zwei Teile zerrissen und unsere Verständigung mit den Völkern im Osten verzögert. Diese Verständigung und Aussöhnung ist – wie wir wissen – besonders schwierig. Aber sie ist im Interesse des Friedens ebenso notwendig wie die mit dem Westen. In dieser Hinsicht müssen wir scheinbar da beginnen, wo wir 1945 oder 1949 gegenüber dem Westen standen. Wir schreiben jedoch nicht mehr das Jahr 1945, sondern das Jahr 1970. In den vergangenen 25 Jahren haben sich Tatsachen ergeben, die wir nicht einfach rückgängig machen können. Von ihnen müssen wir ausgehen, wenn wir weiterkommen wollen. Es gibt bittere und schmerzhafte Realitäten wie die der Grenzlinie, die Deutschland teilt. Und die der Grenze an Oder und Neiße. Es gibt aber auch hoffnungsvolle Realitäten wie die der fortdauernden und lebendigen Wirklichkeit einer deutschen Nation. Und die der festen Bindungen zwischen der Bundesrepublik und West-Berlin.«

(zitiert nach: Bundeskanzler Willy Brandt. Reden und Interviews, Teil I, hg. vom Presse- und Informationsamt der Bundesregierung, Bonn 1971, S. 207–210)

Aufgaben

a Geben Sie an, inwiefern das Jahr 1945 ein »tiefer Einschnitt in der Geschichte unseres Volkes« war.

b Arbeiten Sie heraus, wie BRANDT die politische Entwicklung von 1945 bis 1970 sieht.

c Prüfen Sie, inwieweit die Aussagen BRANDTS zur Deutschland- und Ostpolitik eine Abkehr von Positionen sind, wie sie von den Bundesregierungen bis Mitte der 60er-Jahre vertreten wurden.

d Erläutern Sie, inwieweit die Mauer die DDR vorübergehend stabilisierte und warum der SED-Staat dennoch 1989 zusammengebrochen ist.

Lösungsvorschläge

Das Jahr 1945 stellte eine entscheidende Zäsur in der deutschen Geschichte dar. Das Dritte Reich hatte bedingungslos kapituliert, Deutschland war vollständig besetzt, in Besatzungszonen geteilt und wurde von den Siegermächten regiert.

a Bei der Konferenz von Potsdam hatten sich die Alliierten noch einmal darauf verständigt, Deutschland zu entnazifizieren und zu demokratisieren, aber bis auf weiteres auch die Kontrolle über das Land zu behalten. Die Entnazifizierung führte dazu, dass die politische Elite – zumindest teilweise – ausgetauscht wurde und sich in den westlichen Besatzungszonen relativ rasch eine funktionierende demokratische Kultur und schließlich ein demokratischer Staat entwickeln konnten. Die Stabilität dieses Staats war freilich auch dem wirtschaftlichen Aufschwung zuzuschreiben, der als Effekt des Marshallplans und der Währungsreform, aber auch des Erfolgsmodells der sozialen Marktwirtschaft alsbald eintrat (»Wirtschaftswunder«). Das in der sowjetischen Besatzungszone installierte sozialistische Wirtschafts- und Gesellschaftssystem sowie die auf dieser Basis entstehende DDR waren hingegen von Anfang an durch gravierende politische und ökonomische Probleme gekennzeichnet: kommunistische Einparteiendiktatur der SED mit dem damit einhergehenden Unterdrückungsapparat und Einschränkung der politischen Grundfreiheiten, Verstaatlichung der Produktionsmittel und sozialistische Planwirtschaft, was auf Dauer zu schwerwiegenden Versorgungsmängeln vor allem im Konsumgüterbereich führte.

Während die von der Regierung ADENAUER eingeleitete Westbindung der Bundesrepublik nicht nur innenpolitisch, sondern auch im außenpolitischen Bereich einen grundsätzlichen Bruch mit dem bisherigen Verhalten Deutschlands darstellte (Verzicht auf eine eigenständige staatliche Machtpolitik, klare Abkehr von den deutschen Hegemonialvorstellungen, zugleich Einordnung in die westliche Wertegemeinschaft), war im wirtschaftlichen Bereich eine gewisse Kontinuität zur Zeit vor 1945 gegeben: Im Unterschied zur DDR mit den dortigen tief greifenden Veränderungen der Wirtschaftsstruktur blieb ja im Westen das Prinzip des Privateigentums an Produktionsmitteln weiter erhalten und dadurch zum Teil auch die alte Wirtschaftselite.

b BRANDT plädiert in dieser Rede dafür, die »politische Wirklichkeit [...] die durch die Niederlage des Hitler-Reichs entstanden ist«, zu akzeptieren – dazu gehörte die Spaltung Deutschlands und Berlins durch die »zwei großen Machtblöcke«, also die Existenz zweier deutscher Staaten (von BRANDT hier nur angedeutet), aber auch der Verlust der deutschen Ostgebiete und damit die Endgültigkeit der Oder-Neiße-Grenze zu Polen. Auf der Grundlage dieser Akzeptanz der gegebenen Verhältnisse weist er anschließend darauf hin, dass die Verständigung mit den Staaten des Ostblocks »im Interesse des Friedens ebenso notwendig (ist) wie die mit dem Westen«. Zugleich mit seiner Bereitschaft, die DDR als Staat anzuerkennen, weist BRANDT freilich auch darauf hin, dass die Deutschen sich weiter als ein Volk und eine Nation fühlten und dass dieses Bewusstsein nicht erloschen sei.

Brandts grundsätzliche Kehrtwende gegenüber der bisherigen Deutschland- und Ostpolitik bestand darin, dass er bereit war, die Realitäten, wie sie sich nach dem Zweiten Weltkrieg in Europa und Deutschland ergeben hatten, anzuerkennen. Die CDU-dominierten Bundesregierungen seit der Gründung der Bonner Republik hatten stets die ihrer Ansicht nach mangelnde demokratische Legitimation der DDR betont und daher für die Bundesrepublik international und völkerrechtlich den Alleinvertretungsanspruch erhoben. Dieser hatte sich auch in der sog. Hallstein-Doktrin konkretisiert, der zufolge die diplomatische Anerkennung der DDR durch andere Staaten als unfreundlicher Akt gegenüber der Bundesrepublik gewertet und mit dem Abbruch der eigenen Beziehungen zu diesen Staaten beantwortet wurde. Die sozialliberale Regierung Brandt hingegen war nun bereit, die Tatsache, dass auf deutschem Boden zwei Staaten existierten, ebenso anzuerkennen wie die Endgültigkeit der polnischen Westgrenze und damit den Verlust der früheren Ostgebiete. Die Anerkennung der DDR als Staat war für Brandt die Voraussetzung dafür, mit Ost-Berlin überhaupt erst in Verhandlungen über eine Entspan-
c nung des gegenseitigen Verhältnisses und über eine Zusammenarbeit einzutreten, die nicht nur den Menschen im Osten humanitäre Erleichterung bringen und den Kontakt zwischen West- und Ostdeutschen weiterhin erhalten sollte, sondern letztlich aufgrund des Prinzips des »Wandels durch Annäherung« auch zum friedlichen Umschwung in der DDR beitragen sollte. Dieses Prinzip lag auch der Aussöhnung mit den anderen osteuropäischen Staaten und der UdSSR zugrunde, die während der Kanzlerschaft Brandts erfolgte. In der Praxis schlug sich die »neue Ostpolitik« Brandts in den von ihm geschlossenen Abkommen mit der DDR (Grundlagenvertrag 1972), der UdSSR und Polen (1970) sowie der Tschechoslowakei (1973) nieder.

Auch Brandt beharrte allerdings in der Deutschlandpolitik weiterhin auf dem Standpunkt der Einheit der deutschen Nation und begriff die Teilung in zwei deutsche Staaten als großes Unglück. Gerade die durch den Grundlagenvertrag möglichen menschlichen Kontakte zwischen Ost- und Westdeutschen sollten die Folgen der Teilung Deutschlands mildern.

Der Mauerbau stabilisierte die DDR zunächst, weil durch ihn das »Ausbluten« der DDR gestoppt wurde, das aufgrund der massenhaften Flucht gerade junger und gebildeter Menschen aus dem Osten drohte. Die DDR-Bürger mussten sich nun, da die Ausreise faktisch unmöglich geworden war, auf Dauer mit dem System arrangieren.

In den 80er-Jahren, als die wirtschaftlichen und ökologischen Probleme in der DDR immer größere Ausmaße annahmen, gleichzeitig aber das orthodoxe kommunistische System unvermindert fortbestand, führte die Tatsache, dass aufgrund der Mauer Reisen in den Westen weiterhin kaum möglich waren, zu einer immer stärkeren Entfremdung zwischen der Bevölkerung und dem SED-Regime. Weil den Bürgern der DDR deutlich wurde, dass ihr Staat den Systemwett-
d bewerb mit der Bundesrepublik nicht gewinnen konnte und wirtschaftlich immer weiter zurückfiel, wurde der Ruf nach grundsätzlichen Veränderungen lauter. Er mündete schließlich vor dem Hintergrund des Zerfalls des Ostblocks auch in der DDR im Fall der Mauer, dem Zusammenbruch des SED-Regimes und schließlich in der Vereinigung beider deutscher Staaten.

(Zur Beantwortung der Frage nach den Gründen des Zusammenbruchs der DDR gehören ferner – in Anlehnung an Kapitel 4.3 – folgende Punkte: Reformen im Ostblock und ihre Bedeutung für die SED; die Rolle der Oppositionsgruppen; die Öffnung des Eisernen Vorhangs in Ungarn und die Fluchtbewegung; 10-Punkte-Programm; Volkskammerwahl; wirtschaftliche Probleme und schließlich das Vorbild und der Einfluss der Bundesrepublik und ihrer politischen Parteien).

Die geteilte Welt I: Die USA seit dem Ersten Weltkrieg (1918–1991)

5.1 Die Vereinigten Staaten in der Zwischenkriegszeit

1920 Nach dem Ersten Weltkrieg hatte sich im Unterschied zu der auf Ausgleich bedachten Haltung der USA in den Friedensverträgen mit den Mittelmächten die vor allem von Frankreich vertretene kompromisslose Position durchgesetzt. Enttäuscht vom Fehlschlag ihres in den 14 Punkten WILSONS niedergelegten Friedenskonzepts zogen sich die Vereinigten Staaten außenpolitisch erneut in den Isolationismus zurück: Dies äußerte sich z. B. in der (19. 3.) **Ablehnung der Ratifizierung des Versailler Vertrags durch den US-Senat,** aber auch darin, dass man schließlich dem Völkerbund fernblieb.

1929 Wirtschaftlich erlebten die USA in den Zwanzigerjahren zunächst eine Aufschwungphase. Dieser Wirtschaftsboom erfolgte jedoch zum großen Teil auf der Kreditbasis, sodass schließlich die Kaufkraft hinter der rapide steigenden Produktion zurückblieb. Nach überhitzten Aktienspekulationen kam es zum (25. 10.) **Zusammenbruch der New Yorker Börse (»Schwarzer Freitag«),** der die USA in eine schwere wirtschaftliche Rezession mit hoher Arbeitslosigkeit stürzte **(»Große Depression«).** Wegen der weltweiten Verflechtung der Finanzwirtschaft löste dies die **Weltwirtschaftskrise** aus: Der Kurssturz an der New Yorker Börse bedingte den Rückfluss von US-Krediten aus Europa und führte auch dort, insbesondere in Deutschland, zur Wirtschaftskrise.

ab 1933 Zur Bekämpfung der Rezession gab der neue US-Präsident, FRANKLIN D. ROOSEVELT (1933–45), den bisher in den USA verfolgten Wirtschaftsliberalismus auf und ging zu einer **durch staatliche Intervention gekennzeichneten Wirtschafts- und Sozialpolitik** über (sog. **New Deal**). Der Staat sollte nun die unmittelbare Not durch Arbeitsbeschaffungsprogramme lindern (z. B. Errichtung der Tennessee Valley Authority zum Bau von Staudammprojekten und Industrieanlagen) und günstige Rahmenbedingungen für die Erholung der Wirtschaft herstellen. Erstmals in der Geschichte der USA führte die Regierung ROOSEVELT **umfassende sozialstaatliche Reformen** durch, wie den Aufbau eines Sozialversicherungssystems oder die Neuordnung der Sozialbeziehungen: So wurde den Arbeitnehmern jetzt z. B. das Streikrecht und das Recht zur gewerkschaftlichen Organisation gesetzlich zugestanden. Letztlich wurde die

Wirtschaftskrise jedoch erst mit dem Eintritt der USA in den Zweiten Weltkrieg und der anlaufenden Kriegsproduktion überwunden.

5.2 Die USA im Zweiten Weltkrieg

In der Außenpolitik dominierten zunächst auch unter ROOSEVELT die **Isolationisten,** die zwar für Freihandel eintraten, sich aber von allen Bündnisverpflichtungen freihalten wollten: **Neutralitätsgesetze** verboten deshalb u.a., an Krieg führende Staaten Waffen zu liefern oder ihnen Kredite und Anleihen zu gewähren. 1935/1937

Vor dem Hintergrund der im japanisch-chinesischen Krieg deutlich gewordenen Expansion Japans in Asien und dem zunehmend aggressiven Charakter der nationalsozialistischen Herrschaft hatte ROOSEVELT selbst aber in seiner **»Quarantäne-Rede«** den Gedanken geäußert, dass eine neutrale Haltung der USA gegenüber Diktaturen nicht haltbar sei und sich die Staatengemeinschaft durch Isolierung aggressiver Regierungen gegen deren Expansionstendenzen wehren müsste. Damit vertrat er die Position der **Internationalisten,** die eine aktivere Außenpolitik der USA forderten. 1937 5. 10.

Zu Beginn des Zweiten Weltkriegs blieben die USA zunächst neutral, lieferten jedoch aufgrund einer Änderung in den Neutralitätsgesetzen (sog. Cash-and-carry-Klausel, die es Krieg Führenden bei sofortiger Bezahlung erlaubte, Waren und Kriegsgerät abzuholen) Waffen an Großbritannien. Die Neutralitätsgesetze wurden schließlich stetig zugunsten Großbritanniens abgebaut und ein umfangreiches Rüstungsprogramm in Angriff genommen. 1941

In der **Vier-Freiheiten-Rede** machte ROOSEVELT deutlich, wofür die USA kämpfen wollten: Redefreiheit, Religionsfreiheit, Freiheit von wirtschaftlicher Not und Freiheit von Furcht, d.h., keine Nation sollte in der Lage sein, einen Angriffsakt gegen ein Nachbarland zu begehen. 6. 1.

Mit dem **Lend-Lease-Act** (Leih- und Pacht-Gesetz) wurde der Präsident durch den Kongress ermächtigt, an Länder, deren Verteidigung für die Erhaltung der amerikanischen Sicherheit wichtig sei, Kriegsmaterial auf Leih- oder Pachtbasis zu liefern. Auf dieser Grundlage wurde zunächst Großbritannien, nach dem Beginn des Russlandfeldzugs zunehmend auch die UdSSR massiv unterstützt. 11. 3.

5 Die USA seit dem Ersten Weltkrieg

1941

14.8. In der **Atlantikcharta** verkündeten ROOSEVELT und der britische Premierminister WINSTON CHURCHILL die politischen Grundsätze beider Staaten, die eine Kampfansage an Deutschland und Japan darstellten:

- Gebietsveränderungen und Änderungen der Regierungsform nur mit Einverständnis der betroffenen Völker und Staaten
- freier Welthandel, wirtschaftliche Zusammenarbeit und Freiheit der Meere
- Verbot der Anwendung von Gewalt, Entwaffnung aggressiver Nationen und Schaffung eines allgemeinen internationalen Sicherheitssystems
- Beseitigung des Naziregimes

Die Grundsätze der Atlantikcharta

7.12. Der **Angriff Japans auf die US-Flotte in Pearl Harbor** führte die Vereinigten Staaten direkt in den Krieg. Die amerikanische Öffentlichkeit, die zuvor einem direkten Kriegseintritt reserviert gegenüber gestanden
8.12. hatte, unterstützte nun fast einmütig die Regierung. Der **US-Kongress erklärte Japan den Krieg, Deutschland und Italien traten aufseiten**
11.12. **Japans in den Krieg gegen die USA ein.** Die nun mobilisierte gewaltige wirtschaftliche und militärische Macht der USA trug entscheidend zum Sieg der Alliierten im Zweiten Weltkrieg bei.

An ihrem Willen, nicht mehr in den Isolationismus zurückzukehren, sondern die Welt nach dem Krieg entscheidend mitzuprägen, ließen
1943 die USA auf den großen **Kriegskonferenzen** keinen Zweifel mehr:

Januar Bereits auf der **Konferenz von Casablanca** forderten Großbritannien und die USA die »bedingungslose Kapitulation« Deutschlands, Italiens
28.11.–1.12. und Japans. Auf der **Konferenz von Teheran** vereinbarten die USA, Großbritannien und die UdSSR weitere Grundzüge der Nachkriegsordnung: Deutschland sollte in Besatzungszonen aufgeteilt und die polni-
1945 sche Ostgrenze zugunsten der UdSSR nach Westen verschoben werden.

4.–11.2. Bei der **Konferenz von Jalta** (Krim) einigte man sich über den Aufbau der Vereinten Nationen, bekräftigte das Ziel der Ausrottung des Nationalsozialismus und Militarismus in Deutschland, bestätigte die Westverschiebung Polens und gestand Frankreich eine eigene Besatzungszone in Deutschland zu, das nach der Kapitulation von einem »Alliierten Kontrollrat« der vier Siegermächte regiert werden sollte.

1945

Nach dem **Tod Roosevelts** kurz vor Kriegsende wurde **Vizepräsident Harry S. Truman neuer US-Präsident.** Er vertrat die USA auf der nach (12.4.) der (7.–9.5.) **Kapitulation Deutschlands** abgehaltenen **Konferenz von Potsdam,** (17.7.–2.8.) die die Nachkriegsordnung in Europa endgültig regeln sollte.

Als mit der **Kapitulation Japans** der Krieg auch in Asien endete, waren (2.9.) die USA unumstritten die mächtigste Nation der Welt:

- Mit der Entwicklung der Atombombe und dem erstmaligen **Einsatz zweier Kernwaffen gegen Japan** besaßen die USA zunächst (6./9.8.) das **Atomwaffenmonopol.**
- Während die europäischen Staaten und die UdSSR im Krieg schwere Zerstörungen hatten hinnehmen müssen, hatten die USA eine ungeheure ökonomische Expansionsphase erlebt und waren nun die **größte Wirtschaftsmacht der Welt.**
- Auch die **Gründung der Vereinten Nationen (UNO),** die wirksame (26. Juni) Kollektivmaßnahmen zur Sicherung des Weltfriedens ermöglichen (in Kraft: 24.10.1945) sollte, entsprach amerikanischen Ideen und Wünschen.
- (1944 Juli) Auf der **Konferenz von Bretton Woods (USA)** war der **Dollar als internationale Leit- und Reservewährungfestgelegt worden.**

5.3 Die USA im Kalten Krieg

Bereits in Jalta und Potsdam hatten sich Differenzen zwischen der Sowjetunion und den Westalliierten gezeigt. Churchill hatte als einer der Ersten darauf hingewiesen, dass die **Teilung Europas und Deutschlands** durch einen **»Eisernen Vorhang«** nicht mehr abzuwenden sei.

Die UdSSR hatte den Kampf gegen den Nationalsozialismus auch zur Ausdehnung des kommunistischen Machtbereichs genutzt. Die Entstehung sozialistischer Volksrepubliken in Ost- und Südosteuropa sowie Ereignisse wie der **Bürgerkrieg mit den Kommunisten in Griechenland** (1947) veranlassten die USA schließlich, Maßnahmen zur »Eindämmung« der kommunistischen Expansion zu ergreifen **(»Containment-Politik«)**:

- Präsident Truman sagte allen vom Kommunismus bedrohten Völkern Wirtschafts- und Militärhilfe der USA zu **(Truman-Doktrin).** (12.3.)

1947

5.6.

- Mit dem **Marshallplan** (benannt nach dem damaligen US-Außenminister GEORGE C. MARSHALL) wurde ein wirtschaftliches Hilfsprogramm aufgelegt (ERP-Programm), das die Staaten Europas beim Wiederaufbau unterstützen und dadurch gegen den Kommunismus stabilisieren sollte. Da die Staaten in Osteuropa die Hilfe auf Druck der UdSSR ablehnen mussten, kam das Programm nur Westeuropa und den westlichen Besatzungszonen Deutschlands zugute, was die Teilung Deutschlands und Europas verfestigte.

1948

20./21.6.

1949

23.5.

- Zentrale Bausteine der »Containment«-Strategie waren auch die Maßnahmen zur Errichtung eines westdeutschen Staates, insbesondere die **Währungsreform** in den westlichen Besatzungszonen Deutschlands sowie 1949 die **Gründung der Bundesrepublik.**

4.4.

- Die militärische Verteidigungsfähigkeit des Westens sollte durch die **Gründung der NATO** (Nordatlantikpakt) gestärkt werden. Gründungsmitglieder waren die USA, Kanada, Großbritannien, Frankreich, Italien, Belgien, Niederlande, Luxemburg, Dänemark, Norwegen, Island und Portugal. Wenige Jahre später kamen Griechenland, die Türkei und schließlich Mitte der 1950er-Jahre auch die Bundesrepublik hinzu.

1950/1953

- Im **Koreakrieg,** der durch den Angriff der kommunistischen Volksrepublik Nord-Korea auf den westlich ausgerichteten Süden ausgelöst wurde, intervenierten die USA mit einem Mandat der UNO und als Hauptbestandteil einer UN-Streitmacht.

1949

August

1. Oktober

Die Zündung der **ersten sowjetischen Atombombe,** die das **Ende des amerikanischen Atomwaffenmonopols** bedeutete, die **Ausrufung der Volksrepublik China** durch MAO TSE-TUNG und schließlich der Koreakrieg lösten in den USA die Vorstellung aus, man sei akut durch den Kommunismus bedroht. Daher akzeptierte die amerikanische Bevölkerung eine enorme Erhöhung der Verteidigungsausgaben und eine dauerhafte US-Truppenpräsenz in Europa, Japan und Korea.

1957

Durch den **Start des ersten künstlichen Erdsatelliten (Sputnik) durch die Sowjetunion** sahen die USA zudem ihren Vorsprung in der Rüstungstechnik schwinden (»Sputnik-Schock«). Dies veranlasste die Vereinigten Staaten, ein umfangreiches atomares Rüstungs- und Weltraumprogramm in Angriff zu nehmen, womit der strategische **nukleare Rüstungswettlauf** zwischen den USA und der UdSSR begann.

Da eine nukleare Konfrontation unkalkulierbare Konsequenzen herbeigeführt hätte, musste man aber zugleich die Teilung der Welt in zwei globale Einflusssphären akzeptieren: Als die UdSSR unter CHRUSCHTSCHOW die Forderung nach Abzug aller alliierten Truppen aus Berlin sowie der Aufhebung des Viermächtestatus der Stadt erhob und ultimativ damit drohte, andernfalls die Zufahrtswege nach Berlin zu sperren
(zweite Berlinkrise), zeigte sich, dass die USA zwar ihre Rechte in 1958
Berlin zu wahren gewillt waren, aber andererseits auch die sowjetische 1961
Einflusssphäre in Ost-Berlin und der DDR respektierten. Als der Osten
durch den **Bau der Berliner Mauer** die Stadt teilte, betonten die USA 13.8.
zwar ihre Garantie der Freiheit West-Berlins, unternahmen jedoch keine aktiven Gegenmaßnahmen.

Die **Kubakrise** hingegen bedrohte ernsthaft den Weltfrieden: Eine kommunistische Guerillaarmee unter FIDEL CASTRO hatte in Kuba eine von den USA geförderte Diktatur gestürzt und durch Verstaatlichung der Wirtschaft eine sozialistische Gesellschaftsform errichtet. Zunächst unterstützten die USA, die ein kommunistisches Land direkt vor ihrer Haustür fürchteten, eine Invasion von Exilkubanern auf der Insel
(Invasion in der Schweinebucht), die jedoch scheiterte. Als Reaktion April
band sich Kuba noch enger an die Sowjetunion. Washington antwortete hierauf mit einem totalen Wirtschaftsembargo gegen Kuba. Als die
UdSSR auf der Insel **Abschussrampen für Mittelstreckenraketen** errichtete, welche die Vereinigten Staaten direkt bedrohten, verhängte Präsi- 1962
dent JOHN F. KENNEDY eine **US-Seeblockade gegen Kuba,** das gerade 24.10.
von sowjetischen Schiffen mit weiteren Raketen angesteuert wurde, und forderte die UdSSR ultimativ zum Abbau der Abschussrampen auf. CHRUSCHTSCHOW lenkte in letzter Sekunde ein, ließ die Schiffe umkehren und die Raketen aus Kuba entfernen. Die USA ihrerseits versprachen, das Castro-Regime nicht von außen zu stürzen und entfernten im Gegenzug US-Raketen aus der Türkei.

5.4 Amerikanische Außenpolitik im Zeichen des nuklearen Gleichgewichts

Die Erfahrung, dass die Welt in der Kubakrise kurz vor dem Ausbruch eines Nuklearkriegs gestanden hatte, führte zu ersten **Entspannungsbemühungen:** So richtete man eine ständige Fernsprechverbindung

(»Rotes Telefon«) zwischen Washington und Moskau ein, um in künftigen Krisen eine ungewollte Eskalation verhindern zu können.

1967/68

Der Westen beschloss in der zweiten Hälfte der 60er-Jahre auch eine **Änderung der NATO-Militärstrategie:** Künftig sollte ein Angriff auf das Bündnisgebiet nicht mehr automatisch mit dem Einsatz von Nuklearwaffen (Strategie der »massiven Vergeltung«) beantwortet werden. Im Rahmen der sog. **flexible response** wollte man jetzt vielmehr abgestuft je nach der Art der militärischen Aktionen des Gegners reagieren.

Das durch das Wettrüsten erzeugte **atomare Gleichgewicht** verhinderte zwar den direkten Konflikt der Supermächte, weil es aufgrund der Fähigkeit zur völligen gegenseitigen Vernichtung in einem solchen Konflikt keinen Gewinner hätte geben können. Unterhalb dieser Schwelle ging die Ost-West-Konfrontation jedoch weiter, nämlich im Rahmen von **»Stellvertreterkriegen«** in der Dritten Welt, in denen beide Seiten durch direktes militärisches Engagement oder Waffenlieferungen u. Ä. versuchten, ihren Machtbereich auszudehnen.

ab 1964

1973

27. 1.

Einer der bedeutendsten Konflikte dieser Art war der **Vietnamkrieg.** Auch Vietnam war in einen kommunistischen Norden und einen westlich orientierten Süden geteilt. Eine vom Norden unterstützte kommunistische Guerillaarmee (Vietcong) versuchte das südvietnamesische Regime zu stürzen, was Washington zunächst mit Militärhilfe, dann unter Präsident LYNDON B. JOHNSON (1963–69) durch **direktes militärisches Eingreifen der USA in den Vietnamkrieg** mit Bodentruppen und massiven Bombardements Nord-Vietnams zu verhindern suchte. Das amerikanische Engagement in Vietnam erklärte sich aus der Vorstellung der US-Regierung, dass der Fall eines Staates an den Kommunismus automatisch den Umsturz in den benachbarten Staaten nach sich ziehen würde **(Dominotheorie).** Trotz stetig steigenden Einsatzes konnten sich die USA jedoch in dem Dschungel- und Guerillakrieg nicht durchsetzen: Der **Rückzug der USA aus Vietnam** begann **nach Abschluss eines amerikanisch-vietnamesischen Waffenstillstandsabkommens.** Süd-Vietnam wurde 1975 vom Norden erobert, das Land dann unter kommunistischer Führung wiedervereinigt.

Die Beendigung des Vietnamkriegs erfolgte im Rahmen eines allgemeinen außenpolitischen Kurswechsels unter Präsident RICHARD NIXON (1969–74). NIXON und sein Berater und späterer Außenminister HENRY KISSINGER schätzten die Bedrohung durch den Kommunismus als weniger gefährlich ein als bisher. Die USA versuchten auch, die Volksrepublik China, die aus ideologischen und machtpolitischen Gründen mit der Sowjetunion gebrochen hatte, als Gegengewicht zur UdSSR aufzubauen und strebten daher die **Normalisierung der Beziehungen zur Volksrepublik China** an. 1972

5.5 Beginn der Entspannungspolitik

Unter NIXON kam es aber auch zu einer Entspannung zwischen der USA und der UdSSR: Dies schlug sich zum einen in **Rüstungskontrollvereinbarungen** nieder. ab 1972

Resultat der Entspannungspolitik war ferner die **Konferenz für Sicherheit und Zusammenarbeit in Europa** in Helsinki: In der **Schlussakte von Helsinki** verpflichteten sich die Staaten Europas, die UdSSR, die USA und Kanada, die Unverletzlichkeit der Grenzen zu achten, Streitfälle friedlich zu regeln, aber auch die Menschenrechte und Grundfreiheiten (z.B. Meinungs- und Religionsfreiheit) zu wahren. Die KSZE-Schlussakte sicherte damit zwar der UdSSR ihre Einflusszone in Ost- und Südosteuropa, verschaffte aber auch den Dissidenten in den Ostblockstaaten die Möglichkeit, sich auf die Vertragsverpflichtungen aus der Schlussakte von Helsinki berufen zu können. 1975 1.8.

Das Tauwetter zwischen Ost und West hatte sich auch auf Deutschland ausgewirkt. Auch die **Ostverträge der Regierung Brandt** waren nur im Rahmen der globalen Entspannungspolitik möglich.

5.6 Erneute Abkühlung des Ost-West-Verhältnisses

Der **Einmarsch der UdSSR in Afghanistan,** um das dortige kommunistische Regime zu unterstützen, brachte vorerst das Ende der Entspannungspolitik. Hinzu kam eine erneute Rüstungsspirale, die maßgeblich durch die Stationierung sowjetischer Mittelstreckenraketen gegen Westeuropa ausgelöst wurde, worauf die NATO ihrerseits die Aufstellung atomarer Mittelstreckenwaffen in Westeuropa bei gleichzeitiger Bereitschaft zur Begrenzung dieses Raketenpotenzials durch Verhandlungen beschloss **(NATO-Doppelbeschluss).** 1979 12.12.

Während der Amtszeit von Präsident RONALD REAGAN (1981–89), einem konservativen Antikommunisten, kühlte sich das Ost-West-Klima weiter ab: REAGAN initiierte ein umfassendes **Aufrüstungsprogramm der**

USA, das auch die Abwehr sowjetischer Raketenwaffen im Weltraum (Strategic Defense Initiative, SDI) anstrebte.

5.7 Das Ende des bipolaren Systems

1985 Die Sowjetunion war jedoch aufgrund ihrer zunehmend schwierigen Wirtschaftslage nicht mehr imstande, diesen Rüstungswettlauf durchzu-
11. 3. halten. Der **neue Generalsekretär der KPdSU, Michail Gorbatschow,**
1987 leitete daher nicht nur innenpolitisch Reformen ein, sondern ging auch außenpolitisch wieder auf Entspannungskurs. Dies führte zunächst
8. 12. zum **INF-Vertrag** über die Verschrottung amerikanischer und sowjetischer Atomraketen kürzerer und mittlerer Reichweite. Die sowjetische Reformpolitik, der Zerfall des Ostblocks und die Demokratisierung Osteuropas resultierten dann letztlich im **Ende der Ost-West-Konfrontation und der Teilung Europas und Deutschlands.**

1990 Die **Wiedervereinigung Deutschlands** wurde von der damaligen US-Regierung unter George Bush (1989–93) nachdrücklich unterstützt. Möglich wurde sie jedoch nur durch eine Politik der Vertrauensbildung zwischen dem Westen und der Sowjetunion. Dass die UdSSR die Mitgliedschaft des vereinigten Deutschland in der NATO akzeptierte, ging auch darauf zurück, dass die USA der Sowjetunion weitere Abrüstungsschritte und Sicherheitsstrukturen in Europa in Aussicht stellten, und
12. 9. dass es gelang, im **Zwei-plus-vier-Vertrag** zwischen der Bundesrepublik, der DDR und den Siegermächten des Zweiten Weltkriegs die Einheit außenpolitisch abzusichern.

19.–21. 11. Auf der **KSZE-Folgekonferenz in Paris,** die mit der »Charta von Paris für ein neues Europa« die Spaltung Europas offiziell beendete, einigten sich
19. 11. NATO und Warschauer Pakt im **KSE-Vertrag** auf ein umfassendes Abrüstungsprogramm im Bereich konventioneller Streitkräfte in Europa und
1991/1993 intensive Rüstungskontrollen. Im **START-I-** und **START-II-Vertrag** verständigten sich die USA und die UdSSR (bzw. Russland) zudem auf die
1991 Reduzierung der strategischen Atomwaffen um etwa zwei Drittel. Das Ende der bipolaren Weltordnung kam schließlich auch in der **Auflösung**
1. 7. **des Warschauer Pakts** und dem **Ende der Sowjetunion** zum Ausdruck. 31. 12.

1995 Aus der »Konferenz für Sicherheit und Zusammenarbeit in Europa« (KSZE) ging schließlich die **»Organisation für Sicherheit und Zusam-**
1. 1. **menarbeit in Europa« (OSZE)** hervor. Sie ist im Rahmen der UN-Charta

ein kollektives Sicherheitssystem von 55 Staaten im eurasisch-atlantischen Raum, um eine Rüstungskontrolle auszuüben und Krisen und Konflikte zu verhindern.

Verstärkte die Einbindung der USA und Russlands in diesem System die Sicherheit der Welt, bedeutete der **Terrorangriff** islamistischer Fundamentalisten auf **New York und Washington** einen Schlag gegen das amerikanische Selbstbewusstsein und die westlichen Werte, den die USA und Verbündete mit dem »Kampf gegen den Terror« (u.a. Kriege gegen die Taliban in Afghanistan und gegen den Irak unter Saddam Hussein) beantworteten. **2001** **11.9.**

5.8 Klausur mit Lösungen

Der deutsche Historiker Detlev Junker äußert sich in einer 1988 erschienenen Abhandlung zum Eintritt der USA in den Zweiten Weltkrieg 1941:

»Die Internationalisten, an ihrer Spitze Roosevelt, reduzierten das nationale Interesse der USA nicht auf die westliche Hemisphäre, sondern bestimmten es im globalen Maßstab, und zwar wirtschaftlich, militärisch und ideell, ohne der isolationistischen Mehrheit bis Pearl Harbor zu sagen, dass ein Kriegseintritt der USA die notwendige Folge dieser Bestimmung des nationalen Interesses sein musste. In ihrem Bewusstsein war es für das zukünftige wirtschaftliche Wohlergehen der USA von entscheidender Bedeutung, dass die Weltmärkte offen blieben, die Weltwirtschaft nach liberalen Prinzipien funktionieren und das Entstehen von geschlossenen, auf Autarkie zielenden Wirtschaftsräumen in Europa und Asien verhindert würde; eine Entwicklung, die überdies noch die wirtschaftliche Position der USA in Lateinamerika untergraben würde.

Die zukünftige Sicherheit der USA könne nur gewährleistet bleiben, wenn durch eine Niederlage der Achsenmächte und Japans die Etablierung von bewaffneten und aggressiven Imperien in Europa und Asien verhindert würde; und das liberal-demokratische System der USA könne nur überleben, wenn die Welt außerhalb der westlichen Hemisphäre nicht von nazistisch-faschistischen Prinzipien regiert würde. Ein berühmtes Wort Lincolns wurde auf globale Maßstäbe übertragen: Die Welt könne nicht halb frei und halb versklavt sein. Das nationale Interesse der USA wurde von den Internationalisten im Horizont dieser Unteilbarkeiten bestimmt, des unteilbaren Marktes, der unteilbaren Sicherheit, des unteilbaren Rechts und der unteilbaren Freiheit.«

(zitiert nach: D. Junker, Kampf um die Weltmacht, Düsseldorf 1988, S. 36f.)

Aufgabe

Erläutern Sie, welche Motive nach Ansicht Junkers die USA zum Eintritt in den Zweiten Weltkrieg veranlassten.

Lösungsvorschlag

Ein zentraler Begriff in JUNKERS Analyse der US-Politik unter ROOSEVELT ist das »nationale Interesse der USA«: Dieses »nationale Interesse« ist nach Ansicht des Historikers das Kernargument, mit dem die Internationalisten unter den US-Politikern versuchten, die amerikanische Öffentlichkeit von einer Aufgabe der seit dem Ende des Ersten Weltkriegs verfolgten Neutralitätspolitik zu überzeugen. Die Mehrheit der amerikanischen Bevölkerung und die den Kongress damals beherrschenden Isolationisten waren der Ansicht, dass es notwendig sei, die USA auf alle Fälle aus den Krisen- und Kriegsherden in Europa und Asien herauszuhalten. Dadurch und durch die Neutralitätsgesetzgebung des Kongresses waren ROOSEVELT gegenüber der zunehmenden Expansion Deutschlands in Europa und Japans in Asien zunächst die Hände gebunden. Was dem Argument des »nationalen Interesses« aber schließlich in der Öffentlichkeit zum Durchbruch verhalf, war nach JUNKER vor allem die Tatsache, dass der amerikanische Präsident dies auch auf den Schutz des globalen wirtschaftlichen Interesses der USA bezog. Das Prinzip des globalen Freihandels wurde nämlich von Internationalisten und Isolationisten gleichermaßen geteilt, jedoch konnte ROOSEVELT nun darauf hinweisen, dass die dringende Notwendigkeit bestehe, die globalen amerikanischen Auslandsmärkte gegenüber der Tendenz der Achsenmächte zu verteidigen, autarke, abgeschlossene Wirtschaftsräume zu schaffen. Dies sollte auf dem Weg wirtschaftlicher Sanktionen, notfalls auch durch direktes militärisches Engagement, geschehen. Als die Politik wirtschaftlicher Sanktionen (v. a. Ölembargo) gegen Japan, das durch seine Expansion in China amerikanische Wirtschaftsinteressen stark bedrohte, keine Erfolge zeigte, kam ROOSEVELT daher auch der japanische Überraschungsangriff auf Pearl Harbor nicht ganz ungelegen, um die amerikanische Öffentlichkeit von der Notwendigkeit eines direkten Kriegseintritts zu überzeugen. Das starke wirtschaftliche Motiv der US-Administration für den Kriegseintritt lässt sich in der Tat auch anhand der Atlantikcharta (14. 8. 1941) nachweisen, die für alle Staaten die Möglichkeit des freien Handels und des freien Zugangs zu Rohstoffen forderte und die Zusammenarbeit der Nationen auf wirtschaftlichem Gebiet sowie die Freiheit der Meere postulierte.

JUNKER führt neben dem wirtschaftlichen Motiv weitere Gründe für den Kriegseintritt der USA an, die im Bereich der politischen Grundeinstellung der Vereinigten Staaten liegen, und zwar die westlich-demokratischen Prinzipien »des unteilbaren Rechts und der unteilbaren Freiheit«. Dieses Motiv erklärt auch die enge Partnerschaft der USA mit Großbritannien als einer wesensverwandten Demokratie. Eine Hegemonie der totalitären Achsenmächte in Europa und Asien hätte nach ROOSEVELT vor dem Hintergrund der vielfältig vernetzten Weltstaatengemeinschaft langfristig auch die Sicherheit der USA gefährdet. ROOSEVELTS »Vier-Freiheiten-Rede« (6. 1. 1941) nennt deshalb auch die Bewahrung wichtiger Freiheitsrechte, z. B. Rede- und Religionsfreiheit, als Motiv für den sich anbahnenden Kampf gegen die Achsenmächte.

Konkret wurde die zunehmende Unterstützung Großbritanniens durch die USA zunächst in Form der allmählichen Aufhebung der amerikanischen Neutralitätsgesetzgebung und massiver Waffenlieferungen deutlich (Cash-and-carry-Prinzip; Leih- und Pacht-Gesetz). Wenige Wochen vor dem direkten Kriegseintritt der USA erteilte ROOSEVELT dann zur Wahrung des Prinzips der Handelsfreiheit auf den Meeren der amerikanischen Marine und Luftwaffe bereits die Feuererlaubnis gegen U-Boote und Kriegsschiffe der Achsenmächte.

Kapitel 6

Die geteilte Welt II: Die UdSSR seit dem Ersten Weltkrieg (1917/18–1991)

6.1 Die Anfänge der Sowjetunion: Die Lenin-Ära

Nach der Oktoberrevolution war die Macht der Kommunisten in Russland lange Zeit nicht gesichert. Zwar hatte sich eine Sowjetregierung, der **Rat der Volkskommissare** unter Vorsitz von WLADIMIR ILJITSCH ULJANOW (LENIN) gebildet und mit der **Russischen Sozialistischen Föderativen Sowjetrepublik** formal auch ein sozialistischer Staat konstituiert. Dieser war aber großen äußeren und inneren Belastungen ausgesetzt: 1917 1918

8. 11. / 10. 7.

- Der mit dem Deutschen Kaiserreich geschlossene **Frieden von Brest-Litowsk** brachte dem sowjetrussischen Staat **große Gebietsverluste.** Man musste nicht nur auf Polen, Litauen, Kurland, Estland und Lettland verzichten, sondern auch die Unabhängigkeit Finnlands und der Ukraine anerkennen. 3. 3.
- Antibolschewistische Widerstandsgruppen lieferten sich mit der von LEO D. TROTZKI, dem Volkskommissar für Landesverteidigung, organisierten Roten Armee einen blutigen **Bürgerkrieg.** 1918 bis 1920
- Da Sowjetrussland die Vorkriegsschulden des früheren Zarenreichs im Ausland nicht anerkannte und die Industriebetriebe verstaatlichte, die z. T. mit ausländischem Kapital gegründet worden waren, **intervenierten britische und französische Truppen,** die von Japan und den USA unterstützt wurden. Sie vereinigten sich mit den gegenrevolutionären Kräften im Land in den sog. Weißen Armeen zum Kampf gegen den Kommunismus. Der militärische Widerstand scheiterte jedoch: Nachdem die alliierten Interventionsarmeen das Land wieder verlassen hatten, flüchteten bald auch die letzten russischen »weißen Truppen« in die Emigration. Juni 1918 bis Okt. 1919 1920
- Im **polnisch-russischen Krieg** stieß die polnische Armee bis nach Kiew vor, wurde aber von der Roten Armee bis vor Warschau zurückgeworfen. Dort kam es aber zu einem bedeutenden Sieg der Polen. Nach einem Waffenstillstand legte der **Friede von Riga** die neue polnisch-russische Grenze etwa 250 km östlich des mehrheitlich von Polen bewohnten Gebiets fest und schlug damit große, vormals russische Gebiete Polen zu. März bis Okt. 1921 18. 3.

1921
28.2.–18.3
- Aus Solidarität mit streikenden Arbeitern kam es zum **Aufstand von Matrosen der Petrograder Inselfestung Kronstadt,** der sich gegen die Einparteiendiktatur der Bolschewiki richtete, jedoch von der Roten Armee blutig niedergeschlagen wurde.

1921/1922
ab 1921
- Die rigorose Verstaatlichung aller Produktionsmittel und die Planwirtschaft führten während der Zeit des sog. **Kriegskommunismus** zum Zusammenbruch der Wirtschaft, es kam zu **schweren Hungersnöten.** LENIN war deshalb gezwungen, einen wirtschaftspolitischen Kurswechsel vorzunehmen: In der **Neuen Ökonomischen Politik** (russisch: NEP) wurden kapitalistische Wirtschaftsformen (z.B. Privatunternehmen) teilweise wieder erlaubt. Großindustrie und Außenhandel blieben aber weiter in Staatsbesitz **(Staatskapitalismus).**

1922
Nach Überwindung dieser Krisen begann die KPdSU, ihre Macht zu konsolidieren:

3.4.
- Nachdem Jossif (W. DSCHUGASCHWILI) **Stalin neuer Generalsekretär der Kommunistischen Partei** geworden war, wurde die Partei rigoros von allen oppositionellen Elementen gesäubert.

30.12.
- Aus dem Zusammenschluss der Russischen Föderativen Sowjetrepublik mit der Transkaukasischen, der Ukrainischen und der Weißrussischen Sowjetrepublik entstand die **Union der Sozialistischen Sowjetrepubliken (UdSSR).**

6.2 Die Stalin-Ära

1924
Innenpolitik

21.1. In den Jahren nach dem **Tod Lenins** gelang es STALIN, systematisch alle seine Gegner in der KPdSU auszuschalten: Die ideologische Rechtfertigung des Vorgehens gegen die Parteilinke bildete STALINS Lehre vom **Aufbau des Sozialismus in einem Lande.** STALIN erklärte, dass auch dann in einem Land eine sozialistische Ordnung erfolgreich aufgebaut werden könne, wenn der Sozialismus noch nicht in der ganzen Welt gesiegt habe. Damit gab er die reine marxistische Lehre von der Weltrevolution zwar nicht preis, stellte aber die Konsolidierung der »Diktatur des Proletariats« in Russland als Ziel in den Vordergrund.

Dies widersprach TROTZKIS These von der »permanenten Revolution«, der zufolge eine erfolgreiche proletarische Revolution in nur einem

Land undenkbar sei. TROTZKI und andere Parteilinke wurden daher von STALIN ausgeschaltet, TROTZKI als Kriegskommissar abgesetzt, aus der Partei ausgestoßen und später aus der UdSSR ausgewiesen.

Die der Lehre vom Aufbau des Sozialismus in einem Lande entsprechende Wirtschaftspolitik wurde durch die **Aufstellung von Fünfjahresplänen** durchgesetzt. Ziel war es, die Sowjetunion mit allem Mitteln in einen modernen Industriestaat zu verwandeln. Die wichtigsten Maßnahmen waren: ab 1928

- **Aufbau der Schwerindustrie** und Organisation der Betriebe in großen **Kombinaten,** Erschließung neuer Energie- und Rohstofflagerstätten in Sibirien, Mittelasien und im Ural, Elektrifizierung des Landes.
- **Zwangskollektivierung der Bauern** durch Errichtung von **Kolchosen** (dörfliche Genossenschaften) und **Sowchosen** (große Staatsgüter) und damit einhergehend Massendeportationen und Liquidierung der Kulaken, also der groß- und mittelbäuerlichen Schicht.

In einer eigentümlichen Mischung aus kommunistischer Ideologie und Nationalismus wurde ab Mitte der 30er-Jahre auch der Sowjetpatriotismus propagiert, d.h. die Liebe zur UdSSR, wo als Erstes der Sozialismus verwirklicht worden sei. Zugleich entwickelte STALIN einen starken, auf ihn zugeschnittenen **Personen- und Führerkult.**

Jegliche Abweichung vom stalinistischen Kurs wurde jetzt durch Verhaftungen, Hinrichtungen, Verbannung oder Einweisung in Straflager radikal ausgeschaltet. Insgesamt fielen dem **stalinistischen Terror** und der Zwangskollektivierung der Bauern mehr als 10 Mill. Menschen zum Opfer. Einer der Höhepunkte der Terrormaßnahmen war die sog. **Große Säuberung.** 1936 bis 1938

- offizielle Ideologie mit Ausschließlichkeitsanspruch
- Einparteienstaat mit starker personeller und institutioneller Verflechtung von Partei- und Staatsführung
- umfassendes System des Terrors und der Repression
- Kontrolle über die Massenkommunikationsmittel und deren Nutzung als Instrument der Massenmobilisierung
- bürokratisch gelenkte, zentrale Verwaltungswirtschaft

Kennzeichen des stalinistischen Totalitarismus

Außenpolitik der UdSSR bis zum Beginn des Zweiten Weltkriegs

Außenpolitisch war die Sowjetunion zunächst isoliert: Ursache hierfür war auch die Furcht der westlich-kapitalistischen Staaten vor einem Export der Revolution in ihre Länder. Nach Überwindung der Revolutionswirren gelang es der UdSSR aber, diese außenpolitische Isolation zu durchbrechen, und zwar zunächst durch die Annäherung an Deutschland im **Vertrag von Rapallo.** Beide Länder nahmen diplomatische Beziehungen miteinander auf, verzichteten auf alle Reparationsansprüche gegeneinander und vereinbarten intensivere Wirtschaftskontakte. Der Freundschafts- und Neutralitätsvertrag zwischen der UdSSR und Deutschland **(Berliner Vertrag)** setzte diese Annäherung fort.

1922 – 16.4.
1926 – 24.4.

Nach der nationalsozialistischen Machtergreifung in Deutschland musste sich die Sowjetunion aufgrund der antibolschewistischen Haltung des NS-Regimes außenpolitisch umorientieren. STALIN versuchte nun, ein »System der kollektiven Sicherheit« gegenüber Deutschland aufzubauen, indem er die Beziehungen zu den westlichen Demokratien intensivierte. Nach der **Anerkennung der UdSSR durch die USA** folgten auf diesem Wege als weitere Stationen die **Aufnahme in den Völkerbund** und ein **Beistands- und Nichtangriffsvertrag mit Frankreich.**

1933
1934
1935

Als Verhandlungen über einen britisch-französisch-sowjetischen Beistandspakt gegen HITLER scheiterten, unternahm die UdSSR einen erneuten Kurswechsel und schloss einen **Nichtangriffspakt mit Deutschland.** Ein Motiv STALINS dabei war auch die Rückgewinnung der 1921 an Polen verlorenen Gebiete und die **Sicherung der sowjetischen Einflusssphäre in Osteuropa.** Ein **geheimes Zusatzprotokoll** vereinbarte daher die Teilung Polens zwischen Deutschland und der UdSSR und definierte die Interessensphären beider Vertragspartner: Estland, Lettland (später auch Litauen), Finnland und das östliche Rumänien (Bessarabien) wurden darin der UdSSR zugesprochen.

1939 – 23.8.

Die UdSSR im Zweiten Weltkrieg

Nach dem Überfall Deutschlands auf Polen erfolgte vereinbarungsgemäß der **Einmarsch der Roten Armee in die Osthälfte Polens.** Auch die baltischen Staaten und Bessarabien wurden in den folgenden Monaten von der UdSSR annektiert, nur Finnland konnte im **finnisch-sowjetischen Winterkrieg** seine Unabhängigkeit behaupten.

17.9.
30.11.'39 bis 12.3.'40

1941

Die deutsch-sowjetische Verständigung endet abrupt mit dem ohne Kriegserklärung begonnenen **Angriff der Wehrmacht auf die UdSSR.** 22.6. Zwar war die sowjetische Armee durch die politischen Säuberungen geschwächt und STALIN vom deutschen Angriff überrascht worden, wodurch die deutschen Truppen bis Jahresende bis vor Moskau vorrücken konnten. STALIN konnte aber auf große räumliche, personelle und materielle Ressourcen der UdSSR zurückgreifen und durch die **Proklamation des »Großen Vaterländischen Krieges«** den Patriotismus der Bevölkerung zur Abwehr der Deutschen mobilisieren. Nach dem Scheitern der deutschen Blitzkriegstrategie konnte die Rote Armee ab dem folgenden Jahr die Wehrmacht stetig nach Westen zurückwerfen.

Den schließlich mit großen menschlichen und materiellen Opfern erkämpften Sieg über Deutschland (aufseiten der UdSSR über 20 Mill. Tote, davon 7 Mill. Zivilisten) benutzte STALIN jedoch auch zur weiteren **Ausdehnung des sowjetischen Machtbereichs in Mittel-, Ost- und Südosteuropa.** Bei den Kriegs- und Nachkriegskonferenzen der Alliierten in Teheran, Jalta und Potsdam konnte die UdSSR die Gebietsgewinne aus dem Hitler-Stalin-Pakt auf Dauer sichern und ihren Einflussbereich weiter nach Westen ausdehnen. Außer den baltischen Staaten befanden sich nun auch Polen, Ungarn, Rumänien, Bulgarien, die Tschechoslowakei und die sowjetische Besatzungszone Deutschlands im Machtbereich der UdSSR und binnen weniger Jahre wurde in diesen Satellitenstaaten der stalinistische Sozialismus eingeführt.

Die Sowjetunion als Supermacht am Beginn des Kalten Kriegs

Diese sowjetische Expansion führte bald zum **Bruch der Anti-Hitler-Koalition** und zum **Kalten Krieg** zwischen Ost und West, der in Mitteleuropa in der Teilung Deutschlands ihren Ausdruck finden sollte. Die amerikanischen Versuche unter Präsident TRUMAN, den sowjetischen Machtbereich einzudämmen (vgl. Kap. 5) führten zu einer noch stärkeren Abschottung des kommunistischen Lagers: Als Reaktion auf Trumandoktrin und Marshallplan entstand 1947 in dem **Kominform** ein 1947 Zusammenschluss wichtiger, auch westlicher kommunistischer Parteien (**Zweilagertheorie;** SHDANOW) und schlossen sich die im sowjetischen Machtbereich liegenden Staaten zum **Rat für Gegenseitige Wirtschaftshilfe** (RGW oder COMECON) zusammen. 1949 25.1.

1949

August Mit der **Zündung der ersten sowjetischen Atombombe** schloss die
UdSSR zu den USA auf, die zuvor das Nuklearwaffenmonopol besaßen.

6.3 Die Chruschtschow-Ära

1953 In der Zeit der Machtkämpfe nach dem **Tod Stalins** begann in der
UdSSR eine **Periode der gemäßigten Reformen:** Zunächst regierte eine
1956 Kollektivführung, innerhalb derer sich schließlich NIKITA CHRUSCHT-
SCHOW als der neue starke Mann in Staat und Partei durchsetzte. Auf
14.–25.2. der Grundlage der **antistalinistischen Geheimrede Chruschtschows** auf
dem **20. Parteitag der KPdSU** wurden der stalinistische Dogmatismus
und Personenkult beseitigt, es begann eine kritische Abrechnung mit
den Verbrechen der Stalin-Ära.

In außenpolitischer Hinsicht hielt Moskau an seinem Führungsan-
spruch im Ostblock fest. Die zeigte sich in der gewaltsamen **Nieder-**
1953 **schlagung des Arbeiteraufstands in der DDR.** Ihren Machtbereich 17.6.
festigte die UdSSR weiter und schuf mit der **Gründung des War-**
1955 **schauer Pakts** das östliche Gegenstück zur NATO. Durch die in Ungarn 14.5.
stationierten sowjetischen Truppen erfolgte auch die **Niederschlagung**
1956 **des Volksaufstandes in Ungarn.** 23.10.–11.11.

Gegenüber dem Westen ging CHRUSCHTSCHOW zur Strategie der **»friedlichen Koexistenz«** über: Zwar wollte man eine direkte militärische Konfrontation zwischen den Blöcken verhindern und mit dem Westen konstruktive Kontakte aufnehmen; zugleich aber sollte der Kampf der Systeme weiterhin aus einer Position der militärischen Stärke der UdSSR geführt werden, und zwar vor allem durch die Unterstützung von Befreiungsbewegungen im Entkolonialisierungsprozess in der Dritten Welt sowie durch den wirtschaftlichen »Wettbewerb der Systeme«, in dem sich CHRUSCHTSCHOW überlegen glaubte.

Aufgrund dieser Selbstüberschätzung der UdSSR in politischer und wirt-
1957 schaftlicher Hinsicht, die durch technologische Erfolge wie den
Start des ersten Erdsatelliten (Sputnik) und den **ersten bemannten** 1961
Raumflug JURIJ GAGARINS gestützt zu werden schien, verfolgte
CHRUSCHTSCHOW in diesen Jahren eine risikoreichere Außenpolitik, die
1958/1961/1962 in den großen internationalen Krisen dieser Zeit – **Berlinkrise, Mauer-**
bau, Kubakrise – ihren Ausdruck fand.

Die Erfahrung, dass beide Supermächte trotz des nun entstehenden **atomaren Patts,** also der Fähigkeit zur gegenseitigen Vernichtung, in der Kubakrise an den Rand eines Nuklearkriegs geraten waren, mündete in den letzten Jahren der Amtszeit CHRUSCHTSCHOWS in ersten Anfängen der **Entspannungspolitik.** Nichtsdestotrotz ging etwa in Südostasien (Vietnamkrieg), im arabisch-israelischen Konflikt und in Afrika das Ringen zwischen Ost und West um die globale Vorherrschaft in Form von »**Stellvertreterkriegen**« weiter.

6.4 Die UdSSR in der Breschnew-Ära

1964

Der oft sprunghafte Kurs des Kremlchefs löste in der sowjetischen Führung zunehmend Kritik aus und führte schließlich zur **Entmachtung Chruschtschows.** (14. 10.) Sein Nachfolger als Parteichef wurde LEONID I. BRESCHNEW. Im Innern schwenkte die UdSSR unter BRESCHNEW auf einen nüchtern-technokratischen Kurs ein, dessen Hauptziel die Absicherung der sozialistischen Ordnung und der Parteimacht war: Dies resultierte in einem entschiedeneren Vorgehen gegen die Dissidentenopposition und in erhöhter Disziplinaraufsicht in Wirtschaft und Bürokratie.

1968

Gegenüber den Ostblockstaaten setzte die UdSSR unter BRESCHNEW auf eine konsequentere Durchsetzung ihres Führungsanspruchs. Dies zeigte sich etwa in der Beendigung des sog. **Prager Frühlings:** Eine Reformphase in der Tschechoslowakei unter dem dortigen Parteichef ALEXANDER DUBČEK, die schließlich das kommunistische System zu gefährden drohte, wurde durch den **Einmarsch von Truppen des Warschauer Paktes in der ČSSR** (21./22.8.) niedergeschlagen. Die ideologische Rechtfertigung hierfür war die **Breschnew-Doktrin,** nach der die Souveränität eines sozialistischen Landes dann begrenzt sei, wenn durch die Entwicklungen in seinem Innern die Interessen der gesamten sozialistischen Staatenwelt gefährdet würden.

Da der Westen gegenüber den Maßnahmen der UdSSR innerhalb des Ostblocks weiterhin das Prinzip der Nichteinmischung betonte, wurde ansonsten der Kurs der Entspannungspolitik fortgesetzt. Dies resultierte im Abschluss von **Rüstungskontrollverträgen** und anderen Ost-West-Abkommen (SALT-I- und -II-Verträge, Ostverträge der Bundesrepublik; Viermächteabkommen über Berlin, deutsch-deutscher Grundlagenvertrag; KSZE-Schlussakte von Helsinki).

1979

27.12. Der **Einmarsch der UdSSR in Afghanistan,** um dort ein kommunistisches Regime zu stützen, brachte vorerst das **Ende der Entspannungspolitik.** Trotz jahrelanger Kämpfe gelang es aber den sowjetischen Truppen nicht, die islamischen Widerstandskämpfer in Afghanistan zu besiegen. Zudem leitete Moskau mit der Stationierung von modernen Mittelstreckenraketen im europäischen Teil der Sowjetunion eine neue Rüstungsspirale ein, die entsprechende Gegenmaßnahmen des
12.12. Westens hervorrief **(NATO-Doppelbeschluss).**

Dem erneut einsetzenden Rüstungswettlauf, der auf westlicher Seite vom US-Präsidenten RONALD REAGAN (1981–89) forciert wurde, war die UdSSR jedoch nicht mehr gewachsen. Das stetige ökonomische und technologische Zurückfallen hinter den Westen und auch Faktoren wie die Lähmung der sowjetischen Politik durch die überalterte Führungsspitze forderten dringend einen grundlegenden Kurswechsel.
1982 Dieser wurde selbst nach dem **Tod Breschnews** nicht sofort vollzogen, weil seine Nachfolger ebenfalls der alten Führungsgeneration angehörten und nach nur kurzer Amtszeit starben.

6.5 Die UdSSR unter Gorbatschow

Reformen im Innern

1985

Zu einer grundlegenden Umgestaltung kam es erst mit dem **Amtsan-**
11.3. **tritt von Generalsekretär Michail S. Gorbatschow:** Unter dem Schlagwort **Perestroika** (russ. »Umbau«, »Umgestaltung«) sollte das System der UdSSR reformiert werden. **Glasnost** (russ. »Offenheit«, »Transparenz«) sollte die offene und schonungslose Diskussion von Problemen und Missständen garantieren.

GORBATSCHOW hielt aber bei alledem grundsätzlich am kommunistischen Politik- und Gesellschaftsmodell (staatliches Eigentum der Produktionsmittel trotz gleichzeitigem Aufbau marktwirtschaftlicher Strukturen; führende Rolle der KPdSU trotz gleichzeitiger Öffnung der gesellschaftlichen und politischen Diskussion) fest. Die Reformen konnten deshalb nicht greifen, während zugleich die wenigen noch funktionierenden Mechanismen des orthodoxen Kommunismus in Staat, Wirtschaft und Gesellschaft zerstört wurden: Dies führte zu noch größeren **Wirtschaftsproblemen** sowie zu Widerstand in der Bevölkerung und bei den kommunistischen Kadern, die ihre Macht bedroht sahen. Außerdem kam es zum **Wiederaufleben der Nationalitätenkonflikte,** die man seit der Stalin-Ära gewaltsam unterdrückt hatte.

Außenpolitik: Das Ende des Ost-West-Konflikts

Um die für die UdSSR untragbar gewordenen Rüstungskosten zu redu-
zieren, kehrte GORBATSCHOW außenpolitisch zum Entspannungskurs
1987 zurück. Dem **Abzug aus Afghanistan** folgten **weitere Abrüstungsver-** 1988
einbarungen (**INF-Vertrag** zur Verschrottung der Mittelstreckenraketen
1990 in Europa, **KSE-Vertrag** zur konventionellen Abrüstung, **Start-I/II-Ver-** 1991/1993
träge zur Abrüstung der strategischen Nuklearwaffenpotenziale).

In Abkehr von der Breschnew-Doktrin ließ GORBATSCHOW auch in den
Warschauer-Pakt-Staaten eine eigenständige Entwicklung zu. Dies 1988/1989
führte schließlich zum **Sturz der kommunistischen Regime im Ostblock**
1.7. und zur **Auflösung des Warschauer Paktes.** Den Deutschen gestand 1991
GORBATSCHOW nach der friedlichen Revolution in der DDR die Wieder-
vereinigung und die Einbindung Gesamtdeutschlands in die NATO zu,
12.9. die außenpolitisch durch den **Zwei-plus-vier-Vertrag** abgesichert wurde. 1990

Das Ende der Sowjetunion

In der UdSSR, in der **Gorbatschow** nun **auch Staatspräsident** wurde – 15.3.
ein neu geschaffenes Amt –, traten jedoch die Auflösungserscheinun-
August gen immer deutlicher zutage. Schließlich **putschten orthodoxe kom-** 1991
munistische Kräfte in Partei und Armee. Sie scheiterten jedoch inner-
halb weniger Tage am Widerstand der Bevölkerung und loyaler Trup-
penteile. Die Ereignisse führten zur Auflösung des Zentralkomittees
(ZK) und zum **Rücktritt Gorbatschows als Generalsekretär der KPdSU.** 24.8.

Das Ende der UdSSR begann mit der **Gründung der Gemeinschaft** 8.12.
Unabhängiger Staaten (GUS) durch die frühere Russische Sowjetrepu-
blik (RSFSR) und die ehemalige weißrussische und ukrainische Sowjet-
republik. Der **Erklärung von Alma-Ata** schlossen sich, mit Ausnahme 21.12.
der baltischen Staaten, die ihre völlige Unabhängigkeit wiederer-
langten, alle anderen früheren Sowjetrepubliken an. Nachdem **Gor-** 25.12.
batschow auch als Staatspräsident zurückgetreten war, kam es zur
formalen Auflösung der UdSSR. Ihr Erbe als nukleare Großmacht trat 31.12.
Russland, zunächst unter seinem Präsidenten BORIS JELZIN, an (bis
1999), dann W. W. Putin (ab 2000, vgl. S. 86 f.).

6.6 Klausur mit Lösungen

Aus der Rundfunkrede Stalins vom 3. 7. 1941:

»Genossen! Bürger! Brüder und Schwestern! Kämpfer unserer Armee und Flotte! An Euch wende ich mich, meine Freunde! Der von Hitlerdeutschland am 22. Juni begonnene militärische Überfall auf unsere Heimat dauert an. Trotz des heldenhaften Widerstandes der Roten Armee [...] setzt der Feind, der neue Kräfte an die Front wirft, sein Vordringen weiter fort. Es ist den Hitlertruppen gelungen, Litauen, einen beträchtlichen Teil Lettlands, den westlichen Teil Bjelorußlands, einen Teil der Westukraine zu besetzen. Die faschistische Luftwaffe erweitert den Tätigkeitsbereich ihrer Bombenflugzeuge und bombardiert Murmansk, Orscha, Mogilew, Smolensk, Kiew, Odessa, Sewastopol. Über unsere Heimat ist eine ernste Gefahr heraufgezogen. [...]

Den Krieg gegen das faschistische Deutschland darf man nicht als gewöhnlichen Krieg betrachten. Er ist nicht nur ein Krieg zwischen zwei Armeen. Es ist zugleich der große Krieg des ganzen Sowjetvolkes gegen die faschistischen deutschen Truppen. Dieser Vaterländische Volkskrieg gegen die faschistischen Unterdrücker hat nicht nur das Ziel, die über unser Land heraufgezogene Gefahr zu beseitigen, sondern auch allen Völkern Europas zu helfen, die unter dem Joch des deutschen Faschismus stöhnen. In diesem Befreiungskrieg werden wir nicht allein dastehen. In diesem großen Krieg werden wir treue Verbündete an den Völkern Europas und Amerikas haben, darunter auch am deutschen Volk, das von den faschistischen Machthabern versklavt ist. Unser Krieg für die Freiheit unseres Vaterlandes wird verschmelzen mit dem Kampf der Völker Europas und Amerikas für ihre Unabhängigkeit, für die demokratischen Freiheiten. Das wird die Einheitsfront der Völker sein, die für die Freiheit, gegen die Versklavung und die drohende Unterjochung durch die faschistischen Armeen Hitlers eintreten. [...]

Genossen! Unsere Kräfte sind unermeßlich. Der frech gewordene Feind wird sich bald davon überzeugen müssen. Zusammen mit der Roten Armee erheben sich Tausende und aber Tausende der Arbeiter, Kollektivbauern und der Intelligenz zum Krieg gegen den Feind, der uns überfallen hat. Erheben werden sich die Millionenmassen unseres Volkes. Die Werktätigen von Moskau und Leningrad sind schon dazu übergegangen, eine vieltausendköpfige Volkswehr zur Unterstützung der Roten Armee zu schaffen. In jeder Stadt, der die Gefahr eines feindlichen Überfalls droht, müssen wir eine derartige Volkswehr schaffen, müssen wir alle Werktätigen zum Kampf mobilisieren, um in unserem Vaterländischen Krieg gegen den deutschen Faschismus unsere Freiheit, unsere Ehre, unsere Heimat unter Einsatz unseres Lebens zu verteidigen. [...]

Alle unsere Kräfte – für die Unterstützung unserer heldenhaften Roten Armee, unserer ruhmvollen Roten Flotte!

Alle Kräfte des Volkes – für die Zerschmetterung des Feindes! Vorwärts zu unserem Sieg!«

(zitiert nach: Handbuch des Geschichtsunterrichts, Bd. V, Die neueste Zeit von 1850–1945, hg. von Herbert Krieger, Frankfurt am Main 3. Aufl. 1973, S. 288 f.)

Aufgaben

a Ermitteln Sie, welche Absichten Stalin mit seiner Rede verfolgte!

b Stellen Sie die Entwicklung der politischen Beziehungen zwischen dem nationalsozialistischen Deutschland und der Sowjetunion von 1939 bis zum Zeitpunkt der Rede dar!

c Untersuchen Sie die von STALIN vorgenommene Bewertung des Krieges und vergleichen Sie damit die sowjetische Außenpolitik bis zum Kriegsende.

Lösungsvorschläge

a STALINS Rundfunkrede hat das Ziel, die sowjetische Bevölkerung zum Kampf gegen Deutschland zu mobilisieren. Weil hierzu die Vereinigung aller Kräfte notwendig ist, argumentiert STALIN hier weniger mit der kommunistischen Klassenkampfrhetorik, sondern appelliert vielmehr an den Patriotismus und die Heimatliebe (»Über unsere Heimat ist eine ernste Gefahr heraufgezogen.«) der Bevölkerung, indem er den Krieg gegen HITLER zum »Vaterländischen Volkskrieg« erklärt. Bezeichnend ist auch die Anrede, die in diesem Sinne alle gesellschaftlichen Gruppen in der UdSSR, auch die vom kommunistischen Regime bis dahin verfolgten, einbezieht, von den »Genossen« über die »Bürger« bis zu den »Brüdern und Schwestern«. Dieser integrativen Wirkung war freilich schon in den Jahren zuvor durch die Propagierung des stalinistischen »Sowjetpatriotismus« vorgearbeitet worden. Gleichzeitig macht er der Bevölkerung Mut und fordert zur Bildung von »Volkswehren« auf.

Nachdem die Nationalsozialisten mit ihrer antibolschewistischen Ideologie 1933 in Deutschland an die Macht gelangt waren, hatte sich die UdSSR, die zuvor durch den Vertrag von Rapallo 1922 und den Berliner Vertrag 1926 eine enge Verbindung mit der Weimarer Republik eingegangen war, außenpolitisch umorientieren müssen: STALIN strebte daher an, durch Verträge mit den westlichen Staaten ein System kollektiver Sicherheit gegenüber Deutschland zu errichten, eine Strategie, in deren Rahmen auch der Beitritt der UdSSR zum Völkerbund zu sehen ist. Als jedoch Verhandlungen über einen britisch-französisch-sowjetischen Beistandspakt scheiterten, STALIN zudem bei der Münchener Konferenz über die Sudetenfrage ausgeschlossen blieb und die dortige Nachgiebigkeit der Westmächte gegenüber HITLER bemerken musste, entschloss er sich, einen erneuten Kurswechsel hin zu Deutschland vorzunehmen.

b Als Resultat dieser erneuten Kehrtwende schloss er den deutsch-sowjetischen Nichtangriffspakt (23. 8. 1939) ab, der Deutschland freie Hand für den Krieg gegen Polen gab und in einem geheimen Zusatzprotokoll die beiderseitigen Einflusssphären in Osteuropa festlegte. Dabei wurden der UdSSR die baltischen Staaten, das östliche Polen, Finnland und Bessarabien zugesprochen. Nach dem deutschen Einmarsch in Polen besetzte STALIN die ihm zuerkannte Osthälfte des Landes und annektierte kurze Zeit später die baltischen Staaten und Bessarabien. Einzig Finnland konnte im russisch-finnischen Winterkrieg seine Unabhängigkeit bewahren.

Für HITLER hatte der Nichtangriffspakt mit der UdSSR allerdings nur taktischen Wert, er sollte lediglich die Gefahr eines Zweifrontenkriegs bei dem geplanten Angriff auf Polen beseitigen. Gemäß der nationalsozialistischen Ideologie vom »Lebensraum im Osten« und der Vernichtung des »jüdischen Bolschewismus« war der Überfall auf die UdSSR und damit der Bruch des Nichtangriffspakts nur eine Frage der Zeit. Er erfolgte mit dem für STALIN überraschenden Einmarsch in die Sowjetunion am 22. 6. 1941.

STALIN betont, dass der Zweck des Krieges nicht nur die Befreiung der UdSSR von der deutschen Besetzung, sondern auch die Befreiung Europas vom Faschismus sei. Um die westlichen Verbündeten nicht zu irritieren, spricht er jedoch nicht davon, dass dies über eine kommunistische Weltrevolution zu erreichen sei (wie etwa LENIN in seinem Friedenskonzept am Ende des Ersten Weltkriegs), sondern davon, dass der Kampf der Sowjetunion gegen den deutschen Faschismus mit dem Kampf der Westeuropäer »für die demokratischen Freiheiten« zusammenfalle.

c

STALINS Argument des gemeinsamen Kampfs von Westalliierten und UdSSR für die Ideale der Demokratie und Freiheit entpuppte sich aber nach dem Sieg über Deutschland sehr schnell als propagandistische Redewendung: Vielmehr wurde deutlich, dass die UdSSR die Niederringung Deutschlands konsequent zur Ausdehnung ihres Einflusses auf die nun in ihrem Machtbereich liegenden Staaten Osteuropas und die sowjetische Besatzungszone in Deutschland benutzte sowie zur Absicherung eben derjenigen Gebietsgewinne, die man mit dem faschistischen Deutschland im Hitler-Stalin-Pakt ausgehandelt hatte. Die gemeinsame demokratische Basis mit den Westalliierten erwies sich bereits auf den Kriegskonferenzen in Teheran, Jalta und Potsdam als Illusion, weil bereits dort die dann zum Kalten Krieg führenden Brüche der Anti-Hitler-Koalition deutlich wurden.

Kapitel 7

Die europäische Einigung

Gesamteuropäisches Denken gibt es beinahe so lange, wie es eine europäische Geschichte gibt. Konkrete Pläne für eine staatliche Einheit Europas wurden jedoch erst nach dem Ersten Weltkrieg diskutiert:

- So propagierte Graf COUDENHOVE-KALERGI in den 20er-Jahren in seinem Buch »Paneuropa« und mit der Gründung der Paneuropa-Union die Schaffung der Vereinigten Staaten von Europa. Die Notwendigkeit des europäischen Zusammenschlusses begründete er mit dem Argument der Friedenssicherung, der Beseitigung wirtschaftlicher Not und der vermeintlichen Bedrohung der westlichen Staaten durch den sowjetischen Kommunismus.
- In der Zwischenkriegszeit setzten sich auch Politiker wie der französische Ministerpräsident ARISTIDE BRIAND für die Einigung Europas ein. In diesem Rahmen ist auch die deutsch-französische Annäherung zu sehen, die BRIAND zusammen mit dem deutschen Außenminister GUSTAV STRESEMANN betrieb.

Nach dem Zweiten Weltkrieg ließ die Kriegserfahrung erneut den Wunsch nach einer Vereinigung Europas laut werden: So forderte z.B. auch WINSTON CHURCHILL nun die »Vereinigten Staaten von Europa« und betonte, die erste Bedingung hierzu sei die Aussöhnung Frankreichs mit Deutschland **(Züricher Rede).** 1946 19.9.

7.1 Anfänge der europäischen Einigung

Bedeutsam für den Beginn des europäischen Einigungsprozesses wurde aber auch die amerikanische Europapolitik nach dem Krieg. Zur Koordinierung amerikanischer Wiederaufbauhilfe aus dem Marshallplan gründeten 16 europäische Staaten und die Oberbefehlshaber der drei westlichen Besatzungszonen Deutschlands die **Organisation für europäische wirtschaftliche Zusammenarbeit (OEEC),** die die Verteilung der Hilfsgelder des **Europäischen Wiederaufbauprogramms (ERP)** festlegen und eine engere wirtschaftliche Kooperation zwischen den europäischen Staaten erreichen sollte. 1948 16.4.

Frankreich, Großbritannien, die Niederlande, Belgien und Luxemburg unterzeichneten im selben Jahr den **Fünfmächtevertrag (Brüsseler Pakt bzw. Westunion),** der die Zusammenarbeit in wirtschaftlichen, sozia- 17.3.

len und kulturellen Angelegenheiten sowie bei der Verteidigung vorsah. Aus der Westunion entstand dann 1954 die Westeuropäische Union (WEU), ein kollektiver Beistandspakt Großbritanniens, Frankreichs, der Beneluxstaaten, der BRD und Italiens im Rahmen der NATO.

1949 Aus zunächst zehn europäischen Staaten konstituierte sich der **Europarat** mit Sitz in Straßburg, dem zwei Jahre später auch die Bundesrepublik als Vollmitglied beitrat. Er ist zwar ein reines Beratungsgremium, das sich aus Parlamentariern und Regierungsvertretern der Mitgliedsstaaten zusammensetzte. In seinem Rahmen entstanden aber viele zwischenstaatliche Vereinbarungen, die zur Angleichung der Gesetzgebung der Mitgliedsländer in Bereichen wie Erziehung, Rechtswesen oder Umweltschutz führten.

7.2 Die Montanunion (EGKS) als Keimzelle der europäischen Integration

Frankreichs Außenminister Robert Schuman schlug vor, dass Deutschland, Frankreich und andere europäische Staaten, die dies wünschten, ihre Kohle- und Stahlproduktion unter die Kontrolle einer gemein-
1950 samen übernationalen Aufsichtsbehörde stellen sollten. Durch die schrittweise Beseitigung der Zölle, Einfuhrbeschränkungen und Preisdiskriminierungen sollte zudem ein gemeinsamer Markt für diesen
9.5. Wirtschaftssektor entstehen (sog. **Schumanplan**).

1951 Der Schumanplan wurde in Bonn von Bundeskanzler Adenauer bereitwillig aufgegriffen und führte zum Vertrag über die Errichtung der
18.4. **Europäischen Gemeinschaft für Kohle und Stahl (EGKS bzw. Montanunion)** durch Frankreich, Belgien, Luxemburg, die Niederlande, Italien und die BRD. Die EGKS hatte mehrere wichtige Vorteile und Folgen:

- Die Montanunion verwirklichte ganz pragmatisch die europäische Integration in einem engen, aber sehr wichtigen wirtschaftlichen Teilbereich.
- Für Frankreich brachte sie einen Sicherheitsgewinn, weil sie den für die Rüstung wichtigen Schwerindustriesektor kontrollierte und damit verhinderte, dass Deutschland ein eigenständiges Aufrüstungsprogramm betreiben konnte.
- Die Bundesrepublik wiederum erreichte durch die Montanunion paradoxerweise einen Gewinn an Souveränität, weil jetzt die Ab-

lösung der bisherigen Kontrollen der Schwerindustrie durch die Alliierten (Ruhrstatut) möglich wurde.

- Die Gründung eines einheitlichen Marktes (zunächst für Kohle und Stahl) mit der damit einhergehenden wirtschaftlichen Modernisierung trug langfristig zu einem erhöhten Lebensstandard in den Mitgliedsstaaten bei.
- Die EGKS war ein erster Schritt in Richtung einer supranationalen Gemeinschaft und wurde damit die wohl wichtigste **Keimzelle des europäischen Einigungsprozesses.**

7.3 Von der EWG zur EG

Während im militärpolitischen Bereich das Projekt der **Europäischen** 1952/1954
Verteidigungsgemeinschaft (EVG) scheiterte (vgl. dazu Kap. 3), kam der wirtschaftliche Einigungsprozess weiter voran: Die EGKS-Staaten 1957
unterzeichneten in Rom die Verträge zur Gründung der **Europäischen Wirtschaftsgemeinschaft (EWG)** und der **Europäischen Atomgemeinschaft (EURATOM)** (sog. **Römische Verträge**). 25. 3. Ziel des EWG-Vertrags war es, bis 1970 einen einheitlichen Handelsraum zu schaffen, in dem Zölle und Handelsbeschränkungen für gewerbliche und industrielle Güter beseitigt und damit ein freier Warenverkehr hergestellt werden sollte **(Gemeinsamer Markt).** Die EURATOM sollte die friedliche Nutzung der Kernenergie durch die Vertragsstaaten sichern.

14. 1. Mit dem **Beschluss zur Integration in der Landwirtschaft** wurde bald darauf auch im Agrarbereich der Integrationsprozess in Gang gesetzt. 1962

1. 7. Schließlich wurden EGKS, EWG und EURATOM zur **Europäischen Gemeinschaft (EG)** zusammengeschlossen. 1967 Sogar zwei Jahre früher als
1. 7. geplant trat auch die im EWG-Vertrag vereinbarte **Zollunion in Kraft.** 1968 Die unterschiedlichen Steuersysteme und Währungen blieben jedoch bestehen: Sie zu vereinheitlichen und damit aus der Zollunion eine Währungs- und Wirtschaftsunion zu schaffen, wurde nun das langfristige Ziel der Europapolitik.

Die erste große Erweiterung der EG erfolgte durch den **Beitritt Großbritanniens, Irlands und Dänemarks,** später folgte die **Aufnahme Griechenlands, dann Spaniens und Portugals** in die Gemeinschaft. 1973/1981/1986

1986

7.4 Die Vollendung des Europäischen Binnenmarkts

28. 2. in Kraft: 1. 7. 1987 Mit der Verabschiedung der **Einheitlichen Europäischen Akte** wurde schließlich die Basis für die geplante Schaffung des Europäischen Binnenmarktes gelegt. Die Akte verbesserte die Entscheidungsstrukturen in der Gemeinschaft und stärkte die Kompetenzen der Institutionen der Gemeinschaft, insbesondere auch des Europäischen Parlamentes.

1993

Wie geplant trat einige Jahre später der **Einheitliche Europäische Bin-** 1. 1. **nenmarkt in Kraft.** Dies bedeutete:

- freier Personenverkehr sowie Niederlassungs- und Beschäftigungsfreiheit für EG-Bürger in allen EG-Staaten,
- freier Warenverkehr in allen Bereichen und Harmonisierung der gegenseitigen Vorschriften und Besteuerung,
- freier Dienstleistungs- und Kapitalverkehr.

7.5 Der Vertrag von Maastricht: Die EG wird zur EU

1991

Der Vertrag von Maastricht über die **Gründung der Europäischen** 9./10. 12. in Kraft: 1. 11. 1993 **Union (EU)** erweiterte die EG in Richtung auf eine einheitliche Gemeinschaft. Er basiert auf **drei »Säulen«**: Die »erste Säule« ist die **Vollendung der Wirtschafts- und Währungsunion** durch Einführung einer gemeinsamen europäischen Währung. Dies war und ist in vielen Mitgliedsländern umstritten, weil man den mit der Aufgabe der eigenen Währung verbundenen Souveränitätsverlust und negative Auswirkungen auf das eigene Finanz- und Wirtschaftssystem fürchtet.

1999 Mit der **Einführung des Euro** – zunächst durch Festlegung unveränderlicher Wechselkurse zu den nationalen Währungen, dann **durch** 1. 1.
2002 **Ausgabe des europäischen Geldes,** das die nationalen Währungen ablöste – wurde die **vollständige Währungsunion erreicht.** Mitglieder 1. 1.
der Eurozone sind: Belgien, Niederlande, Luxemburg, Frankreich, Irland, Italien, Österreich, Spanien, Portugal, Griechenland, Finnland und Deutschland. Großbritannien, Dänemark und Schweden nahmen an der Währungsunion nicht teil.

Als »zweite Säule« des Vertragswerks von Maastricht vereinbarte man eine **Gemeinsame Außen- und Sicherheitspolitik,** denn letztlich war die EU wirtschaftlich sehr erfolgreich, politisch aber weitgehend ohne

Einfluss geblieben. Die »dritte Säule« umfasst die intensivere Zusammenarbeit im Bereich Justiz und Inneres.

Die hohe Attraktivität der EU zeigte sich auch in den nachfolgenden Erweiterungen: 1995 traten **Österreich, Schweden** und **Finnland** der Union bei, im Zuge der **Osterweiterung** wurden 2004 zehn neue Staaten Mitglied: **Estland, Lettland, Litauen, Polen, Slowakei, Slowenien, Tschechien, Ungarn, Malta** und (der griechische Teil von) **Zypern.** Seitdem besteht die EU aus 25 Staaten. Weitere Staaten – Bulgarien und Rumänien (Beitritt für 2007 geplant) sowie die Türkei und Kroatien – streben ihre Mitgliedschaft in der EU an.

1995 1. 1.

2004 1. 5.

7.6 Die Organisationsstruktur der EU

Die Organisationsstruktur der EU spiegelt die unterschiedlichen Interessen wider, die im Prozess der europäischen Einigung auftraten:

Die **nationalstaatliche Komponente** wird durch den Europäischen Rat und den EU-Ministerrat repräsentiert: Der **Europäische Rat** ist die jährlich mehrmals tagende Sitzung der Staats- und Regierungschefs der EU. Er gibt die Impulse für die Entwicklung der EU und legt die allgemeinen Ziele der Gemeinschaft fest. Der **Ministerrat** wiederum besteht aus je einem Mitglied der beteiligten Länder. Er ist für die Koordinierung der Politik der Mitgliedstaaten in allen EU-Bereichen verantwortlich. Der Ministerrat ist das Organ, in dem die Einzelstaaten ihren Einfluss geltend machen, denn seine Mitglieder sind nicht der Gemeinschaft, sondern den Regierungen gegenüber verantwortlich. Durch den halbjährlichen Wechsel der Ratspräsidentschaft zwischen den Mitgliedstaaten wird der Einfluss einzelner Staaten allerdings gemildert. Der Rat verabschiedet europäische Rechtsvorschriften (oft gemeinsam mit dem Europäischen Parlament).

EU-Kommission und EU-Parlament repräsentieren den **supranationalen Aspekt:** Die **Europäische Kommission,** deren Mitglieder von den Einzelstaaten nominiert werden, ist sozusagen die »Exekutive« der Gemeinschaft. Im Unterschied zum Ministerrat ist die gegenwärtig (2005) 25 Mitglieder – je eines pro Land – umfassende Kommission nur den Interessen der Gemeinschaft verpflichtet und darf Anweisungen einer Regierung weder anfordern noch entgegennehmen. Sie ist verantwortlich für die praktische Durchführung der EU-Politik, schlägt

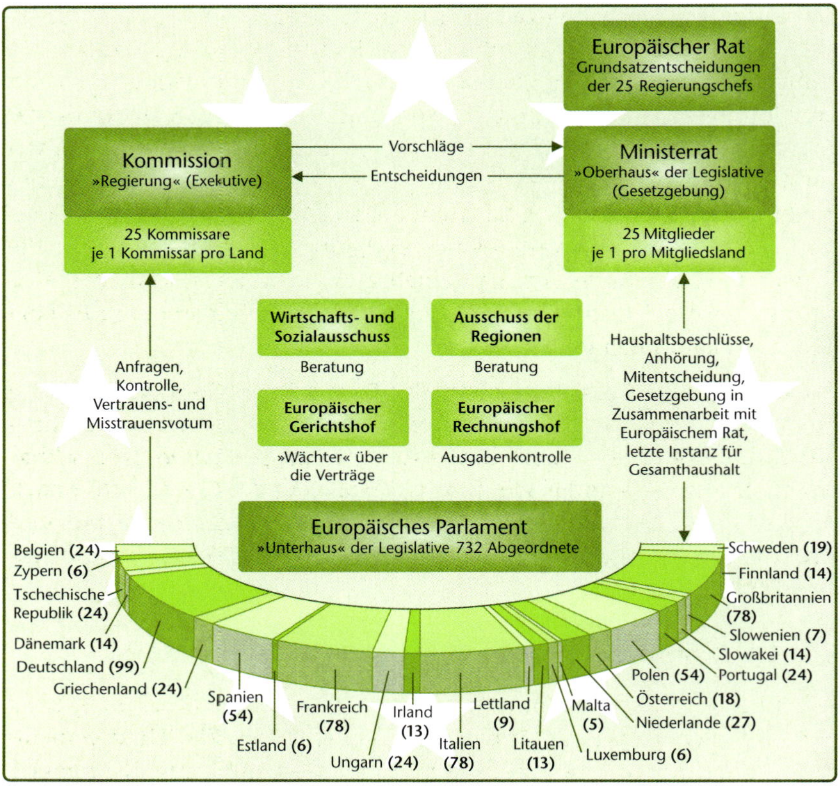

Die europäischen Institutionen seit November 2004

deshalb Rechtsvorschriften, politische Maßnahmen und Aktionsprogramme vor, erstellt den EU-Haushaltsentwurf und vollzieht den Haushaltsplan der EU. Sie besitzt ein Vorschlagsrecht für die Beratungen und Beschlüsse des Ministerrates und verfügt über z.T. erhebliche eigene Entscheidungs- und Durchführungsbefugnisse.

Das **Europäische Parlament** verkörpert neben dem supranationalen auch das **parlamentarisch-demokratische Element:** Durch die Direktwahl der gegenwärtig (2004) 732 Abgeordneten durch die Bürger der EU-Staaten alle fünf Jahre seit 1979 ist seine politische Bedeutung weiter gestiegen, wenngleich ihm immer noch wichtige Befugnisse eines nationalen Parlamentes fehlen. Dennoch erweiterte es im Laufe der Jahre seine Kompetenzen: Es ist seit 1997 an allen wichtigen Bereichen der Gesetzgebung beteiligt, ohne jedoch eigene Gesetzentwürfe einbringen zu können. Schließlich muss das EU-Parlament heute auch der Nominierung des Kommissionspräsidenten und der Ernennung der Kommission als Kollegialorgan zustimmen. Mit Zweidrittel-Mehrheit kann es zudem die Kommission durch ein Misstrauensvotum zum Rücktritt zwingen. Das Europaparlament stellt ferner den von der Kommission erarbeiteten Haushaltsplan endgültig fest und überwacht die Verwendung der Mittel. In der gemeinsamen Außen- und Sicherheitspolitik sowie bei Justiz und Innerem hat das Europaparlament bislang allerdings kaum Befugnisse.

Als Rechtsprechungsinstanz dient der **Europäische Gerichtshof:** Seine Aufgabe ist die Sicherung der Wahrung des Rechts bei der Anwendung der Gründungsverträge der Europäischen Gemeinschaften. Neuerdings erhielt er auch Zuständigkeiten für die Wahrung der Grundrechte nach der Europäischen Konvention zum Schutz der Menschenrechte und Grundfreiheiten und bei der polizeilichen und justiziellen Zusammenarbeit in Strafsachen.

7.7 Probleme der Zukunft

Zahlreiche Probleme sind noch zu lösen, z.B. die Verwirklichung einer tatsächlich gemeinsamen Außen- und Sicherheitspolitik, einer gemeinsamen Sozialpolitik und die Tatsache, dass die Einführung der gemeinsamen Währung in nur einem Teil der Staaten der EU zu einem »Europa der zwei Geschwindigkeiten« geführt hat. Letztlich ist trotz der Direktwahlen zum Europaparlament auch die demokratische Legitimation des Integrationsprozesses bisher unbefriedigend. Die zunehmende Integration wirft schließlich auch die Frage auf, welche Kompetenzen den Parlamenten der Einzelstaaten verbleiben sollen. Auch wirft der Beitritt zahlreicher wirtschaftlich weniger entwickelter Staaten die Frage nach einer neuen Verteilung der finanziellen Mittel auf. Der **Vertrag über eine Verfassung für Europa** soll der EU eine einheitlichere Struktur und stärkere politische Handlungsfähigkeit geben, stößt aber bei seiner politischen Verwirklichung zurzeit auf Probleme.

2004
29.10. **unterzeichnet**

7.8 Klausur mit Lösung

Karikatur aus dem EG-Magazin vom 15. Dezember 1986

Aufgabe

Interpretieren Sie die Karikatur und zeigen Sie, auf welche Weise sie wichtige Probleme des europäischen Einigungsprozesses thematisiert.

Lösungsvorschlag

Die Karikatur greift das aus der antiken Mythologie bekannte Motiv der Entführung Europas durch Zeus in Gestalt eines Stieres auf und verbindet es durch Verfremdung mit kritischen Aussagen zur zeitgenössischen Europapolitik: In der Karikatur besitzt der Stier zwei vordere Hälften und zwei Köpfe und versucht, zugleich in zwei entgegengesetzte Richtungen zu laufen. Diese werden durch einen in zwei Richtungen zeigenden Wegweiser mit der Aufschrift »Europäische Gemeinschaft souveräner Nationalstaaten« bezeichnet.

Folglich kommt das Tier nicht von der Stelle, Europa klammert sich ängstlich und zweifelnd an ihm fest.

Die Karikatur kritisiert auf diese Weise ein Kernproblem der europäischen Einigung, nämlich die einander widerstreitenden Prinzipien des souveränen Nationalstaats einerseits und der supranationalen Integration andererseits. Dadurch kommt es zur Stagnation im Einigungsprozess, den die Karikatur bildhaft darstellt. Diese Sichtweise trifft sicherlich auf manche Aspekte der Europapolitik zu: das stete Ringen um eine Einigung zwischen den widerstrebenden Interessen der Mitgliedstaaten, das oft mit dem »kleinsten gemeinsamen Nenner« endet; die Erfahrung tief greifender EG-Krisen, so etwa 1965, als Frankreichs Präsident DE GAULLE, der auf die absolute Erhaltung der nationalstaatlichen Souveränität seines Landes pochte und bereits den damals schon geplanten Beitritt Großbritanniens verhindert hatte, ein halbes Jahr lang alle europäischen Institutionen boykottierte. Zudem geben die Mitgliedstaaten zwar zunehmend Kompetenzen im Wirtschafts- und Finanzbereich an die Gemeinschaft ab, behalten sich jedoch andere Bereiche nationalstaatlicher Souveränität, etwa die Außen- und Sicherheitspolitik, weiterhin hartnäckig vor. Der Vertrag von Maastricht (Vereinbarung einer »Gemeinsamen Außen- und Sicherheitspolitik« in der »zweiten Säule«) bietet hier allenfalls erste Verbesserungsansätze.

Gegenüber der pessimistischen Sicht des Karikaturisten bleibt freilich positiv festzuhalten, dass es insgesamt doch erhebliche Fortschritte im Einigungsprozess gab und gibt – in jüngster Zeit nicht nur durch die erfolgreiche Durchführung der vollständigen Wirtschafts- und Währungsunion und die anstehende Osterweiterung, sondern auch und gerade im bisher vernachlässigten außenpolitischen Bereich sowie auch bei der Demokratisierung der europäischen Institutionen (wesentlich erweiterte Kompetenzen des Europaparlaments, das bereits seit 1979 direkt von der Bevölkerung der Mitgliedsstaaten gewählt wird). In der langfristigen Bilanz tritt Europa also nicht nur, wie von der Karikatur suggeriert, auf der Stelle. Darüber hinaus muss vermerkt werden, dass die europäischen Nationalstaaten und Völker gerade in ihrer kulturellen und geschichtlichen Verschiedenheit und Vielfalt das Gesicht Europas prägen. Ein gleichmachendes Auslöschen dieser Unterschiede zugunsten eines europäischen Einheitsstaates wäre deshalb wohl ein ebenso wenig wünschenswertes Resultat des Einigungsprozesses.

Weiterführende Literatur

Quellensammlungen

Das bürgerliche Zeitalter. 1815–1914, bearbeitet von Günter Schönbrunn. München (Bayerischer Schulbuch-Verlag) 1980.

Die Welt seit 1945, bearbeitet von Helmut Krause und Karlheinz Reif. München (Bayerischer Schulbuch-Verlag) 1980.

Weltkriege und Revolutionen 1914–1945, bearbeitet von Günter Schönbrunn. München (Bayerischer Schulbuch-Verlag) ^{4}1989.

Deutsche Geschichte in Quellen und Darstellung, hg. v. Rainer A. Müller, 11 Bände, Ditzingen (Reclam) ab 1995 ff., besonders die Bände 6–11.

Allgemeine Darstellungen zur deutschen Geschichte

Birke, Adolf M.: Nation ohne Haus. Deutschland 1945–1961. Taschenbuchausgabe Berlin (Siedler) 1998.

Kielmansegg, Peter: Nach der Katastrophe. Eine Geschichte des geteilten Deutschland. Taschenbuchausgabe Berlin (Siedler) 2000.

Kleine deutsche Geschichte, Beiträge von Ulf Dirlmeier u. a. Neuausgabe Ditzingen (Reclam) 2001.

Lutz, Heinrich: Zwischen Habsburg und Preußen. Deutschland 1815–1866. Taschenbuchausgabe Berlin (Siedler) ^{2}1990.

Möller, Horst: Fürstenstaat oder Bürgernation. Deutschland 1763–1815. Taschenbuchausgabe Berlin (Siedler) 1998.

Nipperdey, Thomas: Deutsche Geschichte 1806–1866. Bürgerwelt und starker Staat. Sonderausgabe München (Beck) 52.–71. Tausend 1998.

Nipperdey, Thomas: Deutsche Geschichte 1866–1918, 2 Bände. Sonderausgabe München (Beck) 31.–57. Tausend 1998.

Schulze, Hagen: Kleine deutsche Geschichte. Taschenbuchausgabe München (dtv) 1998.

Stürmer, Michael: Das ruhelose Reich. Deutschland 1866–1918. Taschenbuchausgabe Berlin (Siedler) ^{3}1990.

Thamer, Hans-Ulrich: Verführung und Gewalt. Deutschland 1933–1945. Taschenbuchausgabe Berlin (Siedler) 1998.

Wehler, Hans-Ulrich: Deutsche Gesellschaftsgeschichte, 5 Bände. München (Beck) $^{1-3}$1995 ff.

Winkler, Heinrich August: Der lange Weg nach Westen, 2 Bände. München (Beck) ^{5}2002.

Einzeldarstellungen

Die Achtundvierziger. Lebensbilder aus der deutschen Revolution 1848/49, herausgegeben von Sabine Freitag. München (Beck) 1998.

1848. Aufbruch zur Freiheit, herausgegeben von Lothar Gall, Ausstellungskatalog Deutsches Historisches Museum, Berlin. Berlin (Nicolai) 1998.

Abelshauser, Werner: Deutsche Wirtschaftsgeschichte seit 1945, München (Beck) 2004.

Alter, Peter: Nationalismus. Frankfurt am Main (Suhrkamp) ^{5}1997.

Altrichter, Helmut: Kleine Geschichte der Sowjetunion. 1917–1991. München (Beck) ^{2}2001.

Botzenhart, Manfred: Reform, Restauration, Krise. Deutschland 1789–1847. Lizenzausgabe Darmstadt (WBG) 1997.

Broszat, Martin: Die Machtergreifung. Der Aufstieg der NSDAP und die Zerstörung der Weimarer Republik. München (dtv) [5]1994.

Die Französische Revolution, herausgegeben von Rolf Reichardt. Freiburg im Breisgau (Komet) 2003.

Gall, Lothar: Bismarck. Der weiße Revolutionär. Neuausgabe Berlin (Propyläen) 2001.

Görtemaker, Manfred: Geschichte der Bundesrepublik Deutschland. München (Beck) 1999.

Graml, Hermann: Reichskristallnacht. Antisemitismus und Judenverfolgung im Dritten Reich. München (dtv) [3]1998.

Hahn, Hans-Werner: Die Industrielle Revolution in Deutschland. München (Oldenbourg) 1998.

Heideking, Jürgen/Nünning, Vera: Einführung in die amerikanische Geschichte, München (Beck) 1998.

Hentschel, Volker: Geschichte der deutschen Sozialpolitik (1880–1980). Neudruck Frankfurt am Main (Suhrkamp) 1991.

Hildermeier, Manfred: Geschichte der Sowjetunion. 1917–1991. Entstehung und Niedergang des ersten sozialistischen Staates. München (Beck) 1998.

Internationale Beziehungen im neunzehnten und zwanzigsten Jahrhundert, herausgegeben von Elz, Wolfgang, Paderborn (Schöningh) 2003.

Kershaw, Ian: Hitler, 2 Bände. München (dtv) 2002.

Kuhn, Axel: Die Französische Revolution. Ditzingen (Reclam) 1999.

Kuhn, Axel: Die deutsche Arbeiterbewegung. Ditzingen (Reclam) 2004.

Langewiesche, Dieter: Liberalismus in Deutschland. Frankfurt am Main (Suhrkamp) [4]1995.

Luks, Leonid: Geschichte Russlands und der Sowjetunion. Von Lenin bis Jelzin. Regensburg (Pustet) 2000.

Möller, Horst: Weimar. Die unvollendete Demokratie. München (dtv) [6]1997.

Moltmann, Günter: USA-Ploetz. Geschichte der Vereinigten Staaten zum Nachschlagen. Freiburg im Breisgau (Ploetz) [4]1998.

Ritter, Gerhard A.: Über Deutschland. Die Bundesrepublik in der deutschen Geschichte. München (Beck) [2]2000.

Sautter, Udo: Geschichte der Vereinigten Staaten von Amerika. Stuttgart (Kröner) [6]1998.

Stürmer, Michael: Das Deutsche Reich 1870–1919. Berlin (Berliner Taschenbuch Verlag) 2002.

Winkler, Heinrich August: Weimar 1918–1933. Die Geschichte der ersten deutsche Demokratie. Taschenbuchausgabe München (Beck) 15.–20. Tausend 1998.

Wirsching, Andreas: Deutsche Geschichte im 20. Jahrhundert. München (Beck) 2001.

Die Schülerduden

Das ganze Schulwissen von A bis Z

Die umfassendste Reihe von Schülerlexika und -wörterbüchern, die zu finden ist. Für alle wichtigen Fächer und Themen, orientiert an den Lehrplänen und Bedürfnissen der Schulpraxis.

Der reiche Fundus an Begriffen, Fakten und Zusammenhängen bietet das ideale Hintergrundwissen zum schnellen Nachschlagen – für Unterricht, Hausaufgaben, Referate und Klausurvorbereitung. Immer griffbereites Wissen, für Schüler verständlich und kompetent erklärt.

Wörterbuch Englisch
ISBN 3-411-71081-0

Rechtschreibung und Wortkunde
ISBN 3-411-04217-6

Bedeutungswörterbuch
ISBN 3-411-05963-X

Grammatik
ISBN 3-411-05634-7

Fremdwörterbuch
ISBN 3-411-05144-2

Lateinisch-Deutsch
ISBN 3-411-71652-5

Literatur
ISBN 3-411-05404-2

Kunst
ISBN 3-411-05942-7

Musik
ISBN 3-411-05393-3

Religion und Ethik
ISBN 3-411-72091-3

Philosophie
ISBN 3-411-71262-7

Psychologie
ISBN 3-411-05253-8

Mathematik I
5. bis 10. Klasse
ISBN 3-411-04207-9

Mathematik II
11. bis 13. Klasse
ISBN 3-411-04275-3

Informatik
ISBN 3-411-04484-5

Physik
ISBN 3-411-05375-5

Chemie
ISBN 3-411-05385-2